CI设计

第三版

- 主　编　黄　坚　任雪玲
- 副主编　王婉秋　张鸿翔　刘雁宁　单春晓　路庆敏
- 参　编　邓亚菲　陈春妮　杨晓飞　孙晓明　戚　彬

高职高专艺术学门类
"十四五"规划教材

职业教育改革成果教材

U0756354

A R T D E S I G N

华中科技大学出版社
http://www.hustp.com
中国·武汉

内 容 简 介

企业核心价值观是 CI 战略体系的主要表达元素之一。本书围绕企业核心价值观，采用项目式的编排方式，严格规范整个项目的各个环节，对 CI 设计的相关内容进行了深入浅出的阐述。本书把企业实战案例作为课堂练习，让学生体验 CI 设计的工作模式，以培养学生的策划能力、沟通能力、组织能力、团队协作能力、创造能力和表现能力。

本书作为高职高专院校的艺术设计专业教材，用典型的设计范例生动地展示现代设计的思维模式和表现手法，把理论和技巧讲解透彻，以期众多的艺术设计学子从中得到启发，并在实践中加以借鉴。

图书在版编目（CIP）数据

CI 设计 / 黄坚，任雪玲主编 . —3 版 . —武汉：华中科技大学出版社，2021.5（2024.1重印）
ISBN 978-7-5680-7131-4

Ⅰ . ① C…　Ⅱ . ①黄…　②任…　Ⅲ . ①企业形象－设计－高等职业教育－教材　Ⅳ . ① F272-05

中国版本图书馆 CIP 数据核字（2021）第 087764 号

CI 设计（第三版）
CI Sheji（Di-san Ban）

黄坚　任雪玲　主编

策划编辑：彭中军
责任编辑：张　娜
封面设计：优　优
责任监印：朱　玢
出版发行：华中科技大学出版社（中国·武汉）　　电话：（027）81321913
　　　　　武汉市东湖新技术开发区华工科技园　　邮编：430223
录　　排：武汉创易图文工作室
印　　刷：武汉市洪林印务有限公司
开　　本：880 mm×1230 mm　1/16
印　　张：9
字　　数：284 千字
版　　次：2024 年 1 月第 3 版第 3 次印刷
定　　价：59.00 元

CI 设计是为适应经济社会日益激烈的市场竞争需要而发展起来的学科领域。经过半个多世纪的发展，CI 设计的触角已伸展到广阔的空间，如企业 CI 设计战略、城市 CI 设计战略、国家 CI 设计战略等，这实际上是一个探索、研究和实践的过程。目前，CI 设计已经形成了完善的理论体系，获得了丰富的实践经验。CI 设计已成为一门综合多门学科，又独立于各学科之外的专门学科领域。

CI 设计是一项庞大的系统工程。从基础理论构成的角度来分析，它涉及社会学、经济学、心理学、美学、新闻学等多个学科，各学科之间相互渗透、相互交叉、相互影响，构成了 CI 设计的理论基础。CI 设计的应用系统有独立的学科理论构架，涉及策划学、管理学、统筹学、设计学、市场学等。诸多相关学科以不同的形式和内容组成了 CI 设计的实践运作体系。

CI 设计是解决企业生存发展矛盾的学科领域，它以最有效的手段达到优化企业环境的目的。在整体策划、调研方法、创意研究、导入手段等方面的探讨与实践，形成了 CI 设计实用性强的特点，构筑了 CI 设计完整独立的方法论体系。从符号、图形、色彩及应用系统设计展开，从规范统一的角度出发，已成为 CI 设计所特有的设计原则。

编　者
2021 年 2 月

目录
Contents

CI SHEJI

项目一

企业形象的品牌策划

任务一　选择真实公司进行品牌策划练习

任务概述

本任务主要对 CI 的基本知识进行讲解，以阐明 CI 的基本概念、CI 的开发与导入程序等。在进行企业形象设计前要充分了解企业的现状并进行分析，提炼企业的核心价值观，写出策划方案，厘清品牌思路，然后提出最适合企业的形象设计构想。

收集国际大师的作品或成熟的设计作品，学习和体验设计师的工作，了解设计过程和方法。要求学生进行品牌策划练习，具体可根据实际专业情况有所侧重。

形式：采取小组合作的形式。

要求：形式上遵循报告书的要求，内容上包括企业现状、企业理念、企业形象导入系统方案等。选择具有代表性的成功案例进行全班交流。

考核：教师评价（占总成绩的 50%）；

学生自我评价与同学评价（占总成绩的 20%）；

平时表现（占总成绩的 20%）；

投稿、企业评定、大赛评定、作品展示（占总成绩的 10%）。

能力目标

通过合作使学生能够完成品牌的策划作业。

知识目标

使学生掌握 CI 的基本知识与 CI 的开发与导入程序，能进行 CI 设计实践。

素质目标

培养学生良好的自学能力、策划能力、合作与沟通能力。

知识向导

在了解 CI 的定义、构成要素和历史沿革的基础上，把握 CI 与企业文化及品牌核心价值观的关系，并选择真实的公司进行品牌策划练习，掌握 CI 的开发与导入方法。

一、CI 与企业文化及品牌核心价值观

品牌是软实力，是承诺，是存在于每个消费者头脑中关于企业和产品的声誉和期望，是一种强大而又脆弱的资产，是与消费者建立感情联系的工程。人们会爱它，建立起强大的忠诚度，进而购买它并信赖它。品牌是一种速记符号，它代表着人类情感中温情的一面。现在，即使是最小的企业也会谈论品牌的重要性。品牌为何

如此重要？原因就在于好的品牌可以成就优秀的企业，非凡的品牌可为企业的成功打下基础。随着产品和服务的联系日益紧密，随着市场竞争创造出的更多选择，随着企业合并重组……企业如何才能与众不同就变得日益紧迫了。仔细比较图 1-1 和图 1-2 的区别。"GUCCI"标志如图 1-3 所示。

图 1-1　有品牌的商品

图 1-2　无品牌的商品

图 1-3　"GUCCI"标志

品牌战略的因素主要有以下几个。

（一）品牌战略的灵魂是文化

是否能顺利实施品牌战略，取决于企业文化的建设程度。在市场经济大潮中，为什么有的企业产品在市场上立于不败之地，而有的企业产品本身不错，但就是占领不了市场？表面上看是价格问题或质量问题，但实质上是企业文化建设问题。因为企业文化决定了企业的经营理念、奋斗目标、战略战术、方式方法等。企业文化的差距会形成企业间经营水平的差距。因此，只有形成具有竞争力的企业文化，才能保证品牌战略在企业竞争中取胜。

那么，企业文化是什么呢？企业文化是企业在生产经营实践中逐步形成的、为全体员工所认同并遵守的、带有组织特点的使命、愿景、宗旨、精神、价值观和经营理念，以及这些理念在生产经营实践、管理制度、员工行为方式、企业对外形象的体现的总和。简言之，企业文化隐含在企业和企业人员的思想与行为中。它有导向、激励、凝聚、约束四大功能。

品牌形象是企业文化的外在体现，品牌核心价值观与企业文化核心价值观应该保持一致。品牌核心价值观

的内容同时也是企业文化所倡导的核心价值观内容。它是真实的，而不是捏造的，否则将会导致外界（包括消费者、合作伙伴及其他利益相关者）对企业品牌形成虚假或错误的认知。

品牌核心价值观与企业文化核心价值观是有一定区别的，要做好品牌核心价值观的提炼，就必须充分认识两者的差异。这个差异表现在两个方面。一是品牌更注重外部的认知，而企业文化更注重内部的认知，因此，品牌核心价值观的提炼会更多地考虑品牌受众对企业的期望和实际感受；二是品牌核心价值观是品牌传播的焦点，品牌传播的特性要求品牌核心价值观必须高度精简、易记。

（二）品牌战略的基础是质量

产品质量是品牌战略的核心，如果产品质量出了问题，品牌战略就很难顺利实施。

（三）品牌战略的关键是商标

要实施品牌战略就要实施商标战略，商标战略应从商标的设计开始。商标设计要主题集中、简单清晰。商标使用的文字、图形或其组合应当具有显著性的特征，便于识别、便于记忆。

商标的使用要注意以下几点：

（1）以文化创造品牌；

（2）商标要及时注册，取得专用权；

（3）要突出企业整体形象设计。

20世纪90年代以来，企业间的竞争已从产品的竞争拓展到企业形象的竞争。企业形象设计通过对企业一切可视事物的统筹设计、控制和传播，使企业的识别系统统一化、标准化、个性化、专有化，从而强化企业的整体形象，给消费者一个良好的视觉印象。

（四）品牌战略的依托是广告

广告的作用就是为产品建立起一个鲜明突出的品牌形象，让消费者对这个品牌建立起认知和清晰的概念，凭着对品牌的印象做出购买的决定。

在广告创意上，要力求整体不乱、目标不乱，让消费者通过这些广告作品，认识产品的高质量，记住产品的包装主色，记住广告语，从而把产品的整体形象印入脑中，留下品牌印象，实现购买行为。

（五）品牌战略的成绩是效益

名牌的产品具有知名度高、市场占有率大、经久不衰、深受用户和消费者喜爱与信赖等特征，因此决定了品牌战略能获得源源不断的效益。

品牌商标本身并不值钱，但当品牌附着于产品在市场上交易时，却可以获得比无品牌产品高出很多倍的利润。这种财富是无形的。随着品牌效应的扩展，它的价值也会不断提高，未来的效益不可估量。

二、CI 的定义与构成要素

CI是什么？ CI即corporate identity system，简称为CI或CIS，也称CI体系、CI战略、CI计划、CI设计等，分别翻译为企业形象统一识别系统、企业形象战略、企业形象计划、企业形象设计等。CI是塑造企业品牌行之有效的手段，是企业文化的重要表现。

CI是将企业的经营理念、文化精髓、核心价值观综合为整体传达系统，有计划、有组织地运用整体传达

系统向大众传递企业文化。

CI 是一个庞大的系统，由以下三部分构成。

（一）理念识别

理念识别简称 MI（mind identity）。

理念识别是整个 CI 系统的核心和原动力，因为它代表着企业精神，提炼了企业核心价值观，体现着企业经营策略、经营信条，决定着企业特点等。

理念识别是 CI 的灵魂，是 CI 的最高决策，是 CI 的策略层面。能否开发出完整的企业识别系统，在于企业理念建立的执着程度，许多成功的企业都证明了这一点。如美国 IBM 的"IBM 就是服务"，中国海尔的"真诚到永远"，中国电信的"用户致上、用心服务"。

企业的经营理念及精神实质是通过企业标语这一简洁明了的形式表现的。例如，松下公司以"产业报国""光明正大""和睦团结""奋斗向上""礼貌谦让""顺应同化""感谢报恩"作为企业的标语和座右铭。在松下公司的早会上，员工都要大声朗读，从中感受企业赋予自己的使命感。个性化的企业经营理念的确立，需将企业生存的小环境与国家所处的大环境联系起来，企业命运是与国家命运紧密联系的，密切关注国家经济、文化、人民物质文明和精神生活水平。只有这样企业才会取得长足发展，这是一股独特的精神力量，对 CI 战略来说精神就是力量。（见图 1-4 至图 1-7）

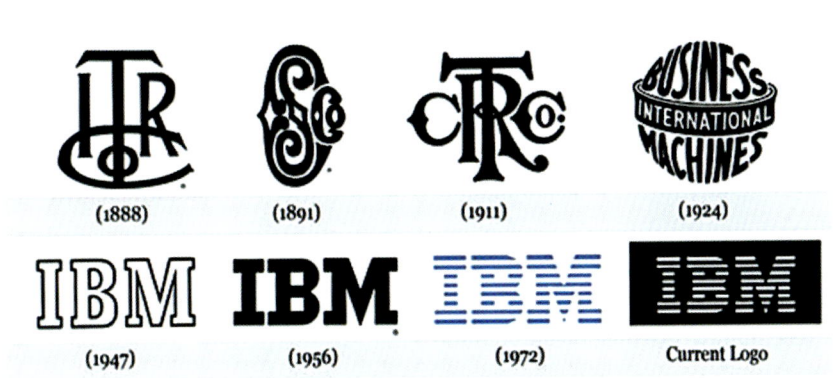

图 1-4 "IBM"标志的发展

图 1-5 IBM 大楼

图 1-6 中国电信

图 1-7 海尔

（二）活动识别

活动识别简称 BI（behavior identity）。

活动识别以明确完善的企业经营理念为核心，包括企业内部的制度、组织管理、员工教育、员工行为等。另外，企业的社会公益活动、赞助活动、公共关系等动态识别也属于活动识别范畴。

活动识别包括对内与对外两部分内容。

企业内部的活动识别，通过干部教育、员工教育（服务态度、交际礼貌、应答技巧、服务水准、作业精神）、工作环境、内部修缮、生产福利、废弃物处理、公害对策、发展研究等来体现。

企业外部的活动识别，包括市场调查、产品开发、公共关系、促销活动、流通政策、股市对策、公益性和文化性活动等。

一个现代企业，应当对国家乃至世界的重大事件抱有关注并积极参与的态度。中国的许多企业已经注意到这一点。在"申办奥运会""希望工程""救助灾区""公益慈善事业"等许多社会活动中，中国企业都以高度的使命感和责任感参与，起到了积极作用，使企业的价值得到了提升。

（三）视觉识别

视觉识别简称 VI（visual identity）。

视觉识别是 CI 的图形化的表现形式，它通过系统的、完整的、可见的视觉识别符号传达企业的经营理念与企业文化，是 CI 系统中最直接、最有效的建立企业知名度和塑造企业形象的手段，它能够将企业的基本精神及其差异性充分地表达出来，帮助消费者识别并认知。

导入和实施视觉识别的核心是概念的设定，概念是规定视觉识别系统所应具备的条件及发挥功能的总体方针。视觉识别必须是具有鲜明个性的创意和蕴含企业精神的视觉形象。

视觉识别系统分为基础设计系统和应用设计系统两大类。基础设计系统是树根，而应用设计系统是树枝、树叶，是企业形象的传播载体。

在基础设计系统中又以标志、标准字体、标准色为核心，标志是核心之核心，它是触发所有视觉要素的主导力量。由于各企业的性质不同，其应用设计系统的侧重点就不尽相同，取舍不一。但无论什么企业，基础设计系统的内容都大同小异，应用设计系统应根据企业的实际情况而定。开发使用频率高、有自身特点的应用设计系统，企业的行业特征决定了开发的重点，不可片面追求大而全，还应注重因新媒体、新材料的出现而产生的新应用项目的开发。如图 1-8 所示为爱普生的 CI 树。

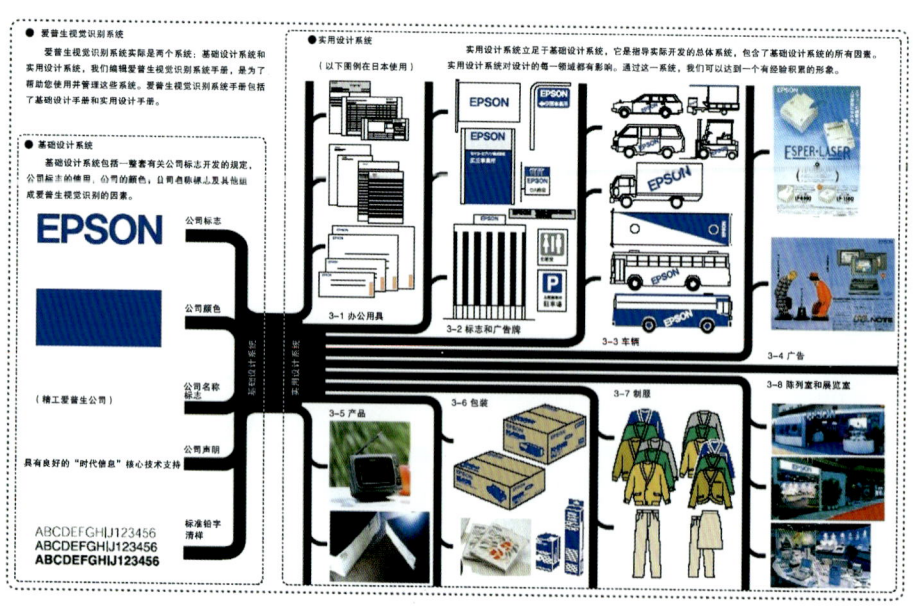

图 1-8　爱普生的 CI 树

任何一个企业想把企业文化与产品传播给社会大众，塑造完美的企业形象，都要依赖传播系统。传播效果的好坏依赖于传播系统中视觉符号系统的设计能否被社会大众识别与认同，以及留下的记忆深刻与否。（见图1-9至图1-14）

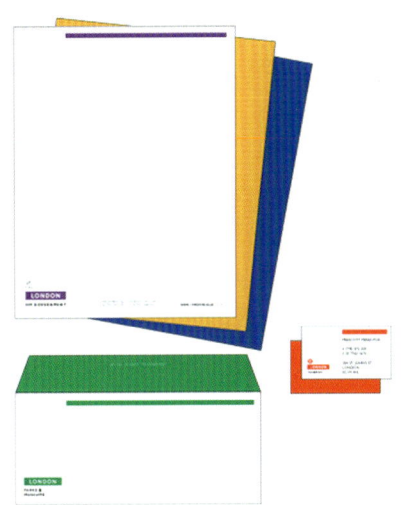

图1-9　CI系统的构成要素

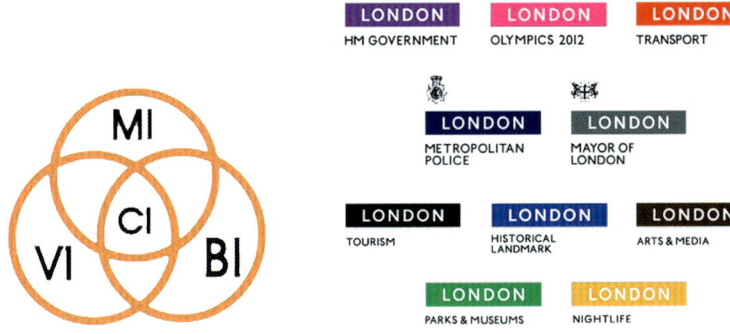

图1-10　新城市形象设计（一）

图1-11　新城市形象设计（二）

图1-12　新城市形象设计（三）

图1-13　新城市形象设计（四）

图1-14　新城市形象设计（五）

视觉识别两大设计系统的具体项目包括以下几点。

1）基础设计系统

（1）企业标志。

①标志黑稿。

②标志反白效果图。

③标志标准化制图。

④标志方格坐标制图。

⑤标志预留空间与最小比例限定。

⑥公司与下属产业标志色彩区分。

⑦标志特定色彩效果展示。

（2）企业标准字体。

①企业全称中文字体坐标制图。

②企业简称中文字体坐标制图。

③企业全称英文字体坐标制图。

④企业简称英文字体坐标制图。

（3）企业标准色（色彩计划）。

①标准色系列。

②辅助色系列。

③下属产业色彩识别。

④色彩搭配组合。

（4）企业造型（吉祥物）。

①吉祥物彩色稿造型。

②吉祥物基本动态造型。

③吉祥物使用规范。

（5）企业象征图形。

①象征图形彩色稿。

②象征图形延展效果图。

③象征图形使用规范。

④象征图形组合规范。

（6）企业专用印刷字体。

①中文专用印刷字体设定。

②英文专用印刷字体设定。

（7）基础要素组合规范。

①标志与标准字体组合。

②标志与象征图形组合。

③标志与吉祥物组合。

④标志与标准字体、象征图形、吉祥物组合。

⑤基础要素的禁止组合。

2）应用设计系统

（1）办公用品设计。

①名片。

②信封。

③信笺。

④传真纸。

⑤薪资袋。

⑥工作证。

⑦出入证。

⑧工作记事簿。

⑨文件夹。

⑩公文袋。

⑪职位牌。

⑫考勤卡。

⑬合同书规范格式。

⑭批示签呈。

⑮请假单。

⑯名片。

⑰名片盒。

⑱办公桌标志牌。

⑲圆珠笔。

⑳便利贴。

㉑企业徽章。

㉒财产编号牌。

㉓培训证书。

㉔财务单据，包括借支单、估价单、入账单、出账单等。

（2）公共关系赠品设计。

①贺卡。

②请柬、邀请函。

③礼金袋。

④礼品手提袋。

⑤钥匙牌。

⑥挂历。

⑦台历。

⑧日历卡。

⑨企业宣传卡。

⑩企业介绍宣传册。

⑪鲜花袋。

⑫小型礼品盒。

（3）员工服装、服饰设计。

①管理人员服装（男、女）。

②一般员工服装（男、女）。

③圆领衫，T恤衫。

④保安人员服装。

（4）交通运输工具系统设计。

①小轿车外观标志设计。

②面包车外观标志设计。

③运输货车外观标志设计。

④大型客车外观标志设计。

（5）环境识别设计。

①建筑环境识别。

②商业空间识别。

③办公环境识别。

a. 公司机构平面图。

b. 接待台及背景板。

c. 董事长室背景板。

d. 正副总经理室背景板。

e. 办公室背景板。

f. 门窗识别图形。

g. 会客间看板。

h. 布告栏。

i. 办公楼走廊处理。

j. 公司名称大理石坡面处理。

k. 国旗、企业旗、吉祥物旗的旗座。

④导向牌。

a. 导向符号。

b. 禁止吸烟符号。

c. 男、女洗手间符号。

d. 停车场符号。

e. 楼梯符号。

f. 电梯符号。

g. 防火符号。

h. 安全门符号。

i. 垃圾箱符号。

j. 询问台符号。

k. 董事长室。

l. 总经理室。

m. 副总经理室。

n. 会议室。

o. 市场营销部。

p. 财务部。

q. 物资管理部。

r. 企业管理部。

s. 计算机室。

t. 综合服务部。

（6）企业广告设计。

①海报版式。

②大型路牌版式。

③灯箱。

④公交车体广告。

⑤报纸广告版式。

⑥杂志广告。

⑦T恤衫广告。

⑧横竖条幅广告。

⑨大型氢气球广告。

（7）商品包装识别系统设计。

①商品销售包装。

②商品销售系列包装。

③高档礼品包装。

④商品大件组合包装。

⑤重大民俗节日商品销售包装。

⑥便于携带外出的商品小包装。

⑦企业主导商品与配套商品组合包装。

⑧商品中件运输包装。

⑨商品大件运输包装。

⑩商品运输包装封条。

三、CI 的历史沿革

单从表层意义理解，CI 的历史可谓久远。人类的部落族群、宗教、军队、国家与最初的民间商业行为等，都带有 CI 的痕迹：明确的标志、统一的服装、有特点的建筑、高度认同的信念等。

真正成熟的 CI 行为和理论，也是有完整轨迹的。

20 世纪初的意大利，奥利维蒂公司便非常重视其企业标志的设计，在那个时代这种观念和行为还是很少见的。随着时代的变迁，虽然奥利维蒂公司的商标历经多次变化，但都注重统一识别，如图 1-15 和图 1-16 所示。

图 1-15　"奥利维蒂"标志（一）

图 1-16　"奥利维蒂"标志（二）

1907年，德国的AEG电器公司聘请著名设计师彼得·贝伦斯（Peter Behrens）设计企业商标和系列的电器产品，并统一使用企业商标，强化品牌形象，如图1-17和图1-18所示。

图1-17 "AEG"标志（一）

图1-18 "AEG"标志（二）

奥利维蒂和AEG的商标都可以看作CI的雏形。

IBM创建于1911年，发展到20世纪50年代中期已初具规模。IBM的董事长Watson向公司的一位设计顾问提出：IBM的优点是具有开拓者的精神和创造性，公司应如何把这些特色有效地传达给世界呢？这位顾问回答：应该通过一些设计来传达IBM的优点和特色，并使公司的设计应用统一化。于是，公司聘请了著名设计师波尔·兰多设计独特的公司标志，并附有完整的《设计使用手册》，这个标志一直沿用到今天。IBM标志的设计开发和其他公司的不同在于，它的形象体现了企业的特性，构筑了一个完整的设计系统，用以传达统一的IBM精神。此外，IBM还通过出版《商业机器》《思考》等刊物，传播和灌输IBM精神，甚至还创办了一所培训管理和销售人员的学校来实现企业信念和价值观的落实与传播。从此以后，IBM迅速被世界各地的人们所认识、认可，成为具有国际影响的世界名牌企业。（见图1-19和图1-20）

图1-19 "IBM"标志（一）

图1-20 "IBM"标志（二）

IBM 开创了现代 CI 的历史，这个设计系统就是现代 CI 系统。随着 IBM 导入 CI 的成功，在 20 世纪 70 年代的美国企业中掀起了一股 CI 热潮。

可口可乐公司通过市场营销和以广告战略为主的品牌活动，达到了风靡全球的目标，其品牌形象已非常稳固。但可口可乐公司仍在 1970 年大张旗鼓地导入 CI，革新了世界各地的可口可乐标志。变更标志是为了适应新的时代要求，以引领时代潮流，如图 1-21 所示。此外，百事可乐、苹果、宝马、奔驰等也都导入了 CI，如图 1-22 至图 1-25 所示。

图 1-21　"可口可乐"标志　　　　　　　　图 1-22　"百事可乐"标志的发展

图 1-23　"苹果"标志的发展

图 1-24　"宝马"标志的发展

图 1-25　"奔驰"标志的发展

IBM 远见卓识地推行 CI，为企业经营奠定了新时代科学管理的基础。可口可乐公司以自身的实力，为 CI 的发展加上重要的砝码。从此，CI 在美国迅速发展普及，导入 CI 并获得成功的企业还有美孚石油、西屋电器等著名企业，如图 1-26 和图 1-27 所示。

图 1-26　"美孚石油"标志

图 1-27　"西屋电器"标志

20 世纪 70 年代，日本经济不景气，但科学技术却高速发展，各企业所制造的商品，优劣差异很小，出现了同质化现象。各企业为创造独特的企业文化、设计独特的产品，顺理成章地掀起了 CI 热潮。日本是一个非常富有革新精神的国家，在企业管理思想上，注重企业自身的完善。结合日本的文化传统，特别强调企业形象的一致性和整体性，反对只模仿美国注重表面视觉设计和信息传达的偏向，主张把 CI 设计视为"问题解决学"，逐渐形成了有自己特色的 CI 理论和实践。日本的 CI 设计理论认为，CI 设计不仅仅是视觉符号上的表现，更是整体性、系统性的设计规划，特别注重企业文化与经营理念的传达；注重调查研究、开发经营、发展战略等长期规划；以企业自身为重点，整合全体员工的工作意识，确定企业的经营理念。1971 年，日本第一银行和劝业银行合并，并导入 CI 计划。伊藤百货公司、马自达、大荣百货、伊势丹百货、松屋百货、小岩井乳业、麒麟啤酒、亚瑟士体育用品、美能达、NTT 公司等也纷纷导入 CI。（见图 1-28 至图 1-32）

图 1-28　"松屋百货"标志（一）

图 1-29　"松屋百货"标志（二）

图 1-30　"松屋百货"标志（三）

图 1-31　"伊势丹百货"标志（一）

图 1-32　"伊势丹百货"标志（二）

20 世纪 80 年代后期，韩国引入 CI。

我国台湾地区自 20 世纪 70 年代末引入 CI，至今有了一定的成就。台湾地区食品业最大的企业——味全公司，为台湾地区树立了 CI 开发的典范，许多知名企业纷纷导入 CI，并借此整顿内部管理、改善经营、增强企业认同感，创造具有独特形象的新型企业。中国是一个有着悠久历史和文化传统的国度，中国的商人素有以儒商为荣的传统，所以，CI 一经引入中国，便与中国文化结下了不解之缘。开滦煤矿的标志如图 1-33 和图 1-34 所示。

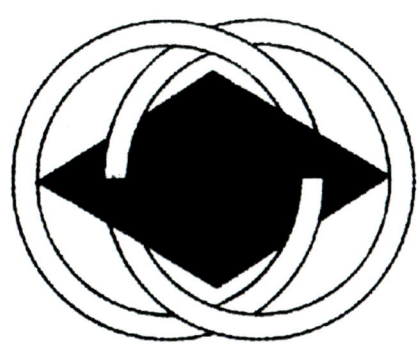

图 1-33　"开滦煤矿"标志（一）

图 1-34　"开滦煤矿"标志（二）

广东东莞黄岗保健饮料厂设计出众所周知的"太阳神"标志。该标志是由太阳、人和大地构成的，充分体现了中国文化的韵味。在中国，天人合一，天时、地利、人和都是传统文化的核心。"太阳神"的CI设计也正是紧紧抓住了这个核心，因此很容易打动中国消费者的心，如图1-35和图1-36所示。

图1-35　"太阳神"标志（一）

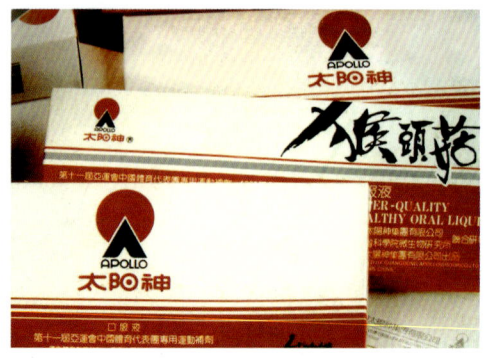

图1-36　"太阳神"标志（二）

中国国际航空公司的CI设计，充分体现了重视文化内涵的主导意向。韩美林为中国国际航空公司设计的凤凰标志，就是中国传统文化的彰显。凤凰在中国传统文化中有着极高的地位，是美丽、吉祥、华贵的象征。有关凤凰的美丽神话，一直在中华民族中流传着。（见图1-37至图1-39）

图1-37"中国国际航空公司"标志

图1-38　"中国国际航空公司"标志应用（一）

图1-39　"中国国际航空公司"标志应用（二）

中国银行的CI设计，是将中国古钱币与汉字"中"结合，以简洁的造型表现了中国资本、银行服务、现代国际化的主题。著名设计师靳埭强在总结中国银行CI设计经验时说，为了共同努力探索中国企业形象的路线，应该建立"真、善、美"的CI。他认为，良好的企业形象必须具备三个条件：一是真的形象，真的本质；二是善的理念，善的行为；三是美的内在，美的外在。中国银行的标志如图1-40所示。

图1-40　"中国银行"标志

20世纪50年代美国IBM公司与20世纪80年代中国广东太阳神集团的成功，虽然在时间上相隔30年之久，又有着东西方文化背景的差异，然而在经营谋略及创造企业形象的手法上却异曲同工，无外乎是掌握了企业经营的制胜法宝——企业形象的统一识别系统。我国目前的市场经济大环境、市场运行机制及企业面临的内外部环境，为CI计划的推行提供了良好的时机和扎实的基础。随着经济活动向高层次发展，树立企业形象势在必行，积极推广 CI 战略能为企业注入新的活力，有助于缩小我国企业与发达国家企业间的差距，对于治理整顿、摆脱困境及深化改革、对外开放、参与国际间竞争都有着深远的战略意义。

四、CI 的开发与导入

CI 是配合企业长期的经营策略而进行的系统性、计划性作业，并非偶发的即兴之作。因此，任何企业在开发和导入 CI 时，都应遵循一定的作业程序和操作步骤，同时设置相应的机构，为 CI 战略的开发和实施把握方向、做出决策。

在 CI 推进之初，应该对 CI 要展开的作业项目进行归纳，将这些作业项目——整理和确定。不同的企业，其作业项目是不尽相同的。实际操作过程中，必须根据具体情况进行相应的删减或增补。

（一）CI 的开发与导入程序

1. CI 计划的开始和确定

导入 CI 计划得到批准，CI 计划实施正式得到公司的确认。公司确定执行已确认的计划。

2. CI 委员会的设置

设置 CI 委员会，选定委员会责任人。

3. 体制检查

以 CI 委员会为中心，检查有关 CI 的期待成果和现状问题。

4. 说明表（内部调查）

在公司内部调查有关 CI 现状问题，以及对 CI 期待的事项，并分析整理。

5. 体制整理、CI 导入方针的确认和决定

以体制检查的结果和说明表为基础，整理 CI 体制。明确 CI 计划的推进方针。

6. 公司内部信息传递活动

唤起公司员工的 CI 意识，进行内部启蒙教育，企划信息传递的方式。发行《CI 信息》等内部刊物，组织公司内部的启蒙活动，并分别召开针对各阶层员工的说明会。

7. 调查体系的企划

根据客观实际安排调查对象、调查方法。具体实施有关调查问题和问卷的设计。根据调查计划进行准备工作，例如取样、印制问卷、分配工作等。确定实行公司内外的调查工作。收回并整理调查问卷，安排统计分析作业。最后完成调查结果的统计分析。

8. 项目的提供

根据调查情况及项目需要，将有关项目计划立案。

9. 视觉审查

分析旧有的识别系统和识别要素，进行设计的视觉审查。

10. 访问责任人

直接访问责任人，了解其意向。向企业经营的负责人请教其经营理念，以便了解公司未来的活动方针，

探索有关的视觉识别问题等。

11. 解析调查、分析结果

以调查为基础，解析资料所显示的意义。找出企业目前形象中的问题，探求未来的正确发展方向。

12. 制作总概念报告书

根据调查的综合整理结果，构筑CI概念。关于企业文化、未来的企业形象和识别等问题，都要经过充分检查，最终形成结论。

13. 总概念的发表

对公司高级主管阶层（或董事会）说明总体概念。审议总体概念提案内容，确定实施方针。

14. 企业理念体系的构筑

根据总体概念的实施方针和内容，讨论企业理念体系的问题。由高层主管决定企业理念的表现内容，加以研讨后决定是否通过。完成 CI 计划，接受管理系统的业务。

15. 企业识别系统的再构筑

根据总体概念和企业理念决定公司名称、公司识别及有关标志等问题。企业识别系统再构筑的工作完成以后，争取公司内外部的认同。

16. 制作 CI 设计开发计划书

根据总体概念和公司名称的结论，整理出设计开发计划书。

17. 介绍设计基础形态

设计人员完成以基础要素为核心的设计形态以后，必须送交 CI 委员会和董事会审议。

18. 法律上的验定

检索商标、标志等设计。办理商标注册等必要的法律手续。

19. 决定基本设计形态及精致化作业

从多个基本方案中，经由讨论决定基本设计形态。为选定的形态进行精致化作业。

20. 确定企业标语

企业标语可多渠道征集，并通过合理选择确定。

21. 基础设计要素的提案

以基础设计形态为中心，开发基础设计要素。以基础设计要素的组合为中心，经由讨论决定设计的规则。

22. 基础设计手册

编辑基础设计手册。印制基础设计手册。

23. 对内发表的计划

确定方针、时间、方法等。

24. 应用使用计划

新的开发设计，要制定具体项目的展开适用计划。适用计划的方针、时机、方法、费用等应安排妥当。

25. 应用设计开发

使基础设计具体地适用于应用项目。检验具体项目。

26. 应用设计手册

编辑应用设计手册。印制应用设计手册。

27. 对内发表

对内发表 CI 成果，实施员工教育。

28. 对外发表

对外发表 CI 成果及企业理念和企业识别的变化等。发行报道 CI 消息的内部刊物。利用广告媒体公开发表。通知各相关对象。

29.CI 相关计划的推行

CI 的相关计划要考虑其应用问题及能在公司内有效推行的方法。

30.CI 管理系统的实施

确定实行 CI 计划的管理系统。决定 CI 相关计划的结束和继续管理等问题。

（二）CI 导入的几个问题

1. 导入的时机

（1）新公司成立、合并成为企业集团，都是导入 CI 的最佳时机。新公司没有旧有形象，也没有既有价值，使 CI 的引进成为必然。

（2）创业周年纪念，是老企业改变旧形象的契机。

（3）企业扩大经营内容，朝多样化经营。由于经营领域的扩大，过去的企业形象和现有的企业现状之间产生偏差，需重新构筑 CI。

（4）进军海外市场，参与国际化经营，没有新的 CI 是行不通的。

（5）在新产品的开发与上市时导入 CI，可收到促销和塑造企业形象的双重效果。

（6）改善经营危机、扭转事业停滞状况。

（7）消除负面影响，统一企业实态与企业形象的关系。

2. 导入的周期

国外企业导入 CI 的一般性周期是 10 年。因为 CI 在运作中不断解决问题，也会不断碰到新问题，因此可以说，CI 是一种有起点无终点的运动。应在第一次 CI 的基础上，不断总结反思，制定出进一步的计划、大纲，在导入阶段完成后，步入第二阶段的 CI 计划，以求企业形象获得不断提升。

3. 导入的关键性问题

许多导入 CI 的企业既有成功的经验，也不可避免地获取了一些失败的教训。因此在实施 CI 时，应给予下列问题以足够的重视。

（1）企业决策者应对 CI 有足够的认识和坚定的意志。CI 关乎企业未来的发展，不是随便一个部门便可以做出决定的。当然，没有下属部门和全体员工的认同和响应，也是办不成的。而决策者的审慎态度和眼光水

准是 CI 成功的关键。

（2）CI 委员会作为具体执行机构，其人员必须既饱含工作热情又具备导入 CI 的专业能力。

（3）CI 是发展的、运动着的，绝不是只停留在手册中的时髦文章，它在操作中发展，以发展促完善，并螺旋式上升，循环往复，不断迈向新高度。

（4）CI 如果仅完成了 VI 工作，对企业来讲，起不到治本的作用。没有精神实质做基础，再漂亮的外表也只是昙花一现。只有务实求本，认识真正意义上的 MI、BI，才不会浪费 VI 的投资。

（5）在对待专业设计公司上，既不能任其大包大揽，也不能让其言听计从。协调好与专业设计公司的关系，摆正各自位置，经常性地沟通，才能最大限度地发挥各自的作用。

斯图加特皇家剧院视觉形象设计如图 1-41 所示。

图 1-41　斯图加特皇家剧院视觉形象设计

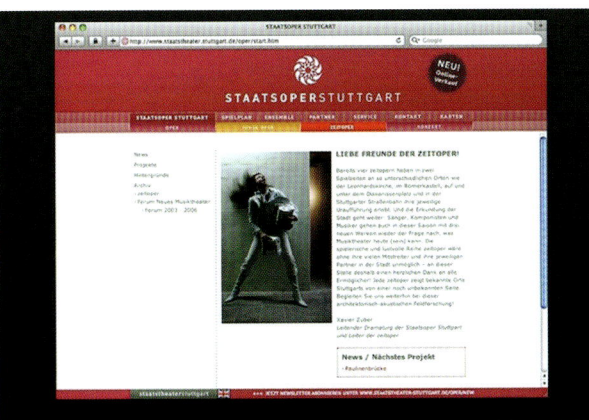

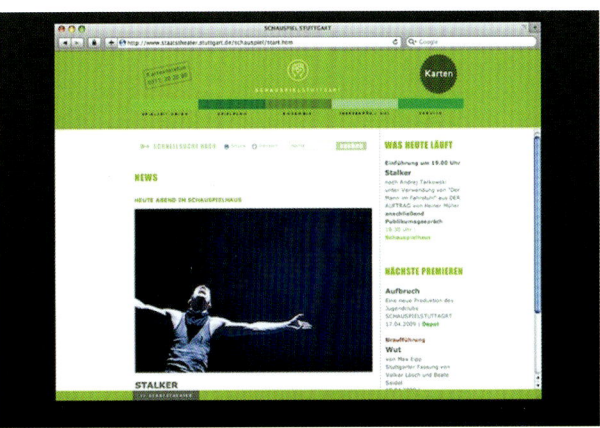

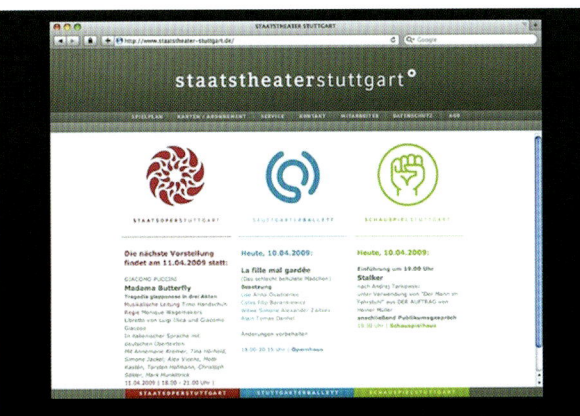

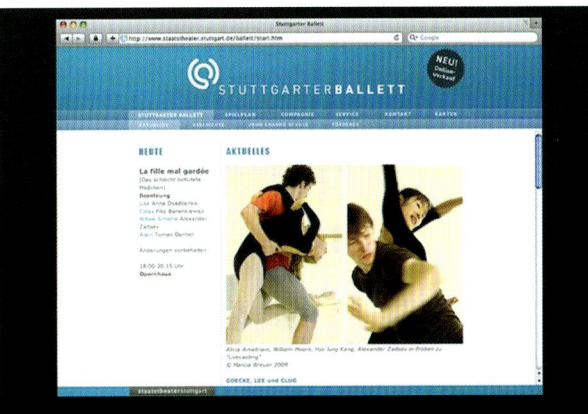

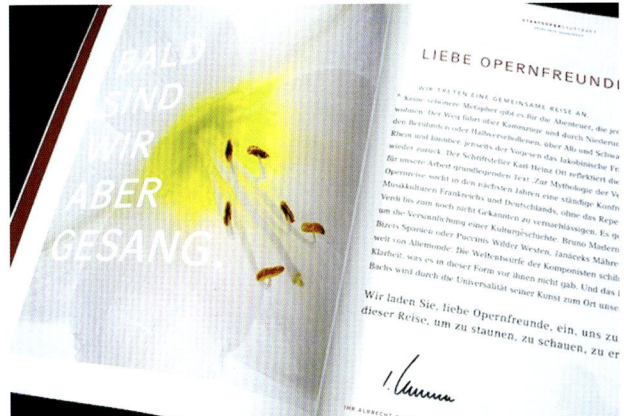

续图 1-41

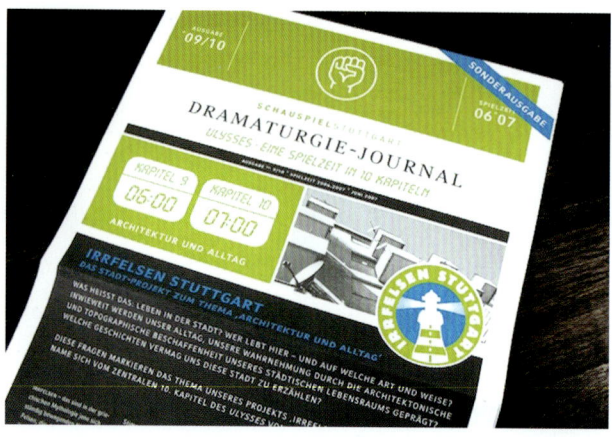

续图 1-41

CI SHEJI

项目二

CI 设计与规范制作
——VI 基础系统设计开发

任务二 标志设计

任务概述

本任务主要对标志设计的基本知识进行讲解，阐明企业标志设计的要点、分类、题材、程序等。标志设计是整个 VI 系统的核心，是把抽象的企业价值理念视觉化的过程，复杂而又理性。标志设计的成败是决定一个项目成败的关键。

收集国际大师的作品或成熟的设计作品，学习和体验设计师的工作，了解设计过程和方法。通过本任务的学习，要求学生能进行标志设计，具体可根据实际专业情况有所侧重。

形式：采用小组形式或个人形式进行设计。

要求：在设计标志的时候要注意整个 VI 项目的可操作性、连贯性，标志设计只是整个 VI 项目的开篇项目，但却是整个项目的核心，一旦方案确定，将对整个项目产生重要影响。通过练习，让学生对标志设计有一个新的认知，提高其综合设计水平。可分小组交流讨论，选择有代表性的案例进行全班交流。

考核：教师评价（占总成绩的 50%）；

学生自我评价与同学评价（占总成绩的 20%）；

平时表现（占总成绩的 20%）；

投稿、企业评定、大赛评定、作品展示（占总成绩的 10%）。

能力目标

结合项目一的内容，使学生能够对标志的图形元素、结构、形式等展开设计。

知识目标

使学生掌握标志设计的基本知识和程序，能进行设计实践。

素质目标

使学生具备良好的自学能力、设计能力、合作与沟通能力。

知识向导

企业标志是企业视觉形象的基本形态，是 VI 设计的核心，是基本要素的基础设计。标志是企业的符号，如同国徽、国旗代表国家一样，企业的一切对外公关、广告、促销、宣传活动，都围绕着标志这一核心形象。标志设计的基础在于对企业整体的认知，是经济和文化、企业核心价值观、认同感等多因素交织凝结而成的象征符号。此符号具有非常强的说服力、联想力，具有独特的风格和时代的感召力。因此，企业的标志设计绝非条文式的，它强调的是心理的感知和理智的认同。因而，企业标志是企业形象建立不可缺少的视觉要素之一。

一、标志符号的起源

　　人类社会在自然经济初期，生产的目的主要是满足自需，因而产品上没有使用商业性标记的必要，虽然有些产品加刻铭文、年号，也只是起到表示所有权、纪念和装饰的作用。随着经济的发展，产品上逐渐出现了商业性的标记，最初使用这种标记主要是为了区别产品的生产者，随着生产的发展和商品交换范围的扩大，生产者和商人逐渐使用各种标志符号来彰显自己的产品和服务优点，用以招徕消费者；消费者也逐渐养成了认牌购货的习惯。这样，商业性标记的作用日益显著，使用范围也越来越广。

　　在我国宋代，山东济南有一家专造"功夫细针"的刘家针铺，在针的包装纸上印有兔的形象，是因为刘家针铺门前有一只石兔，故以兔为标记。这是有记载的我国最早的商品标志之一，如图2-1和图2-2所示。

图2-1　"刘家针铺"标志（一）

图2-2　"刘家针铺"标志（二）

　　在欧洲，标志符号的起源大致与我国相同，最开始在商品上刻有文字和图案的标记，只是为了便于官方征税，或者便于记账。到了13世纪行会盛行时期，商品经济发达，珠宝细工及呢绒织造等行业的行会都有自己特定的印章标志，用以保证产品的质量和规格，体现服务态度，提高竞争能力。这些初级的标志符号，直接影响着后来欧洲标志符号的演变和发展。由此可见，标志符号是随着商品生产和交换的发展而发展的。（见图2-3）

图2-3　各种标志符号

二、企业标志设计的要点

以目前中外优秀的标志设计来看，有基本的趋势和规律：在表现形式上，由烦琐、复杂渐趋简洁、单纯，由沉着、暗淡走向明快、醒目；在表现手法上，由写实图形转向几何图形，并以文字、字母图案的表现手法较为突出。企业标志设计的要点表现在以下几个方面。

（一）简单明了，醒目突出

企业标志要用非常精练、简洁的形象表达，形成一定的冲击力，无论是图形还是文字都要一目了然，符合易读、易认、易记的原则，能够给人们以强烈的视觉冲击，留下过目不忘的深刻印象。

（二）新颖别致，独具一格

这是标志设计的精髓所在，纵观中外优秀的标志设计，都显示其自身的特色，充分表现出与众不同的设计风格。具体设计中切忌模仿，避免雷同，这是优秀标志设计的基本原则。

（三）标志造型，优美生动

通过巧妙的构思、艺术的处理，使企业标志具有强烈的艺术感染力。通过标志了解企业的文化不失为一种美的享受。

（四）民族文化，风俗习惯

各民族之间，制度、文化、信仰、风俗都不尽相同，而且标志管理条例也存在差别，所以，标志符号的定名、图形选择都需特别慎重，要在设计之前进行充分的调查研究，认真推敲，方可拟出设计初稿，经过市场测试及多方面探讨，最后才能定稿。

（五）形象单纯，涵盖力强

优秀的标志设计在单纯中蕴藏着丰富，以最简短的符号语言表达出最丰富的内涵。

优秀的标志设计如图 2-4 所示。

图 2-4　优秀的标志设计

三、企业标志设计的分类

第一类，具象造型，包括人形、五官、手足、鸟兽鱼贝、花木、建筑物、交通工具、宇宙星象、火水造型等。

第二类，几何造型，包括圆形、菱形、三角形、多边形、箭形及方形等。

第三类，数字、字母造型，包括阿拉伯数字、中文数字、英文字母及其他文字字母等。

第四类，其他综合造型，包括系列标志、组合文字、混合文字等，如图2-5所示。

图2-5　综合造型

四、企业标志设计的题材

企业标志设计的题材有以下几类。

（1）以企业名称或品牌名称为题材。

（2）以企业文化或经营理念为题材。

（3）以企业或品牌名称的组合为题材。

（4）以企业经营内容或产品外观造型为题材。

（5）以企业或品牌的历史传播或地理环境为题材。

（6）唯美造型的标志，如图2-6所示。

图 2-6　唯美造型的标志

五、企业标志设计的程序

（一）了解情况

在进行标志设计之前，要对设计对象进行深入了解，以获得设计的客观依据。同时启发设计意念，对企业理念、精神文化、发展前景，企业的性质、经营内容、产品特性或服务特色，企业规模与市场地位，企业在社会大众中的美誉度与知名度等进行了解与整合，从中寻找设计依据。

（二）市场调查、资料收集

对企业原有的形象进行分析，针对其成功与不足给出客观的评价。对市场上同类企业的形象进行收集、整理、分析，尤其对企业主要竞争对手的形象进行分析研究，比较各自的优缺点。在标志设计题材、造型元素、构成形态、表现形式等方面，从大众认知上获取客观的依据，作为设计的参考，以便形成正确的思路。

（三）意念开发、头脑风暴

设计准备工作完成后，确定设计的创意方向，进行意念开发。创意初期的思维是发散的，头脑中酝酿各种各样的想法，创意不断闪现。集体头脑风暴是很好的方法。

（四）评估、修正、定型

评估创意，需在现实主义和创新精神之间保持平衡。冷静客观的态度可以防止极为古怪难懂的创意被付诸实施。一方面，现实主义时刻提醒设计师不要忘记设计的最终目标，并接受设计的种种客观限制。在评估、修正的创意时，保持客观的心态有助于与那些对设计不在行、想法过于天真的客户顺利合作。另一方面，保持创新精神有助于主题在设计作品中脱颖而出。所以，在整个评估、修正、定型的过程中，必须同时保持现实主义的态度和创新精神，过于大胆的创新会令人忽视设计的传播目的，而过于现实则会让创意变得平庸。

企业标志是企业形象的核心要素，在使用中精确地复制是非常重要的。这就需要合理便捷的制图标准，让设计师有章可循。不同的企业标志，在制图方式上应有所区别。（见图2-7）

图2-7　企业标志设计

六、标志的制图方法

（一）尺寸标注法

标出标志图形的具体尺寸，如长、宽、高、直径、半径等。

（二）比例标注法

选取标志图形中的某一个局部尺寸作为基准参数，令其为 n 或其他代码。其余的造型如笔画粗细、间隔距离等，均为 n 的倍数关系，如直径为 $3n$，笔画为 $1.5n$，间隔为 $1/3n$ 等。

（三）方格标注法

当标志图形比较特异，标注尺寸不方便时，可将其置于方格中。如有需要，还可以在方格中增加对角线，形成米字格，提高复制精度。复制时，绘制一个与该制图比例一致的方格，将原图放大或缩小。这种方法类似中国传统的九宫格制图，会有一定的误差。误差的大小取决于格子的密集程度，格子越密集，复制越精准，误差越小；反之则误差大。

（四）圆弧角度标注法

若标志图形中圆弧造型、斜线造型较多，为了方便复制，可标明图形的弧度和角度。

（五）坐标标注法

依据水平、垂直两个坐标，确定标志图形边缘各关键点的位置，以此作为复制的参照。这是一种适合于特异图形的制图方法。

（六）特殊制图法

有些标志图形具有特殊的造型样式，可根据其特点，制定更为快捷、精确、独特的制图法。

（七）标志图形的矫正

标志图形在应用中，除了有因复制不精确造成的走形外，还可能因为放大或缩小、色彩变化及印刷等原因造成一些错误或不应有的变化。因此，为了避免出现不良效果，个别的标志图形应制作切实的矫正方案，以备在特殊情况下使用。

奥林匹克运动会的标志是我们非常熟悉的一个图形，由蓝、黄、黑、绿、红五色环构成。由于这五色之间明度差异较大，相同粗细的环看起来却有粗有细，这是由色彩变化带来的。为了视觉上的平衡舒适，设计师将五色环的粗细适当地进行了调整，其比例关系为蓝：黄：黑：绿：红等于 1：1.3：0.92：1：1。这样改变之后，五色环看起来就粗细均匀了。由于光渗现象及印刷油墨的扩散，图形交叉部分往往会显得较为粗重。解决的办法是在交叉处将图形向里略微收缩，夹角处会显得轻松自然。

美能达公司标志最吸引人的部分，是图形中部的线条设计。五条带有弧度的白色线条，使图形产生光感，准确地反映了美能达公司所从事的光学仪器的行业特点。然而，当标志图形缩小使用时，中间的五条白色线条会连成一片，分不清彼此，为此设计师应提供矫正方案。

味全公司的标志是由五个完全相同的圆形相切而成，构成了一个"W"的样式，表达五味俱全的意思。然而当标志图形缩小印刷后，五个相切的圆形中原有的白色图形会缩小甚至完全被黑色所掩盖。这是印刷时油墨挤压造成的。因此，需要规定标志图形的最小范围。

任务三　标准字体设计

任务概述

本任务主要对标准字体设计的基本知识进行讲述。根据标志的风格，设计相协调的标准字体，结合标志图形和字体的使用规范，进行标准字体的设计训练，保证整个 VI 基础系统的可操作性、连贯性。

收集国际大师的作品或成熟的设计作品，学习和体验设计师的工作，了解设计过程和方法。通过本任务的学习，要求学生能进行标准字设计，具体可根据实际专业情况有所侧重。

形式：采用小组形式或个人形式进行设计。

要求：标准字体是和标志相对应的设计，可以和标志一起使用，也可以单独使用，有部分标志的功能。通过学习，学生可以在标准字体设计的结构、造型、风格上得到相应的提高，使学生在 VI 的系统性、规范性设计方面的能力和水平得到提高。选择有代表性的成功案例在全班分小组交流讨论。

考核：教师评价（占总成绩的 50%）；

学生自我评价与同学评价（占总成绩的 20%）；

平时表现（占总成绩的 20%）；

投稿、企业评定、大赛评定、作品展示（占总成绩的 10%）。

能力目标

结合任务二的内容，培养学生设计与标志相协调的标准字体的能力，保证整个 VI 基础系统的可操作性、系统性、连贯性。

使学生掌握标准字体的知识，让学生能进行设计实践。

使学生具备良好的自学能力、设计能力、合作与沟通能力。

标准字体是企业形象设计中重要的要素之一，应用广泛，涉及面广。标准字体在实际应用中出现的频率与企业标志相当。因此，可以说标准字体的重要性不亚于标志。

由于文字具有较明显的说明性，所以，可以将企业的品牌意义传达出来，强化视觉形象，达到广泛宣传的效果，强化企业形象与品牌的竞争力。

专用标准字体不同于普通照排字。一般照排字无法设定字体及字与字之间的位置关系，而标准字体的设计可依据企业的需要任意组合。企业标准字体的设计是依据企业性质、产品品牌、宣传活动的主题与内容精心设计制作的，对于字间的距离、笔画的配置、线条的粗细、风格的统一都要有周密的规划，尤其是文字的配置关系，经过调整形成完美和谐的整体结构。

标准字体是企业业务特性和未来发展趋势在视觉上的形象化展现，经过精心设计的标准字体大都以简洁洗练的特点加以展现，将信息快速、准确地传达给受众，是企业形象的重要组成部分，也是企业促销产品的重要手段。

一、标准字体设计的概念

字体是文字的表现形式。字体有两种类型，一种是凭借直尺、圆规等工具描画的较为整齐、准确的字体，即常见的"美术字"或"印刷体"等；另一种是随手直接书写的较为生动的字体，即"书写体"。

专用标准字体的设计则是根据企业、产品的需要，合理运用现有条件，研究社会需求、消费者心理、企业的特性及社会结构与趋势，提出人对生产、生活的设想，并把这种设想付诸实际的一种创造性活动。专业标准字体是为某一企业、某一具体的内容而服务的，具有清晰完美的视觉形象。标准字体设计以研究字体的合理结构、字形之间的有机联系及字形的排列为目的，为企业创造出视觉形象的基本要素，为一系列统一的应用设计做准备。

标准字体设计是对文字的形态、笔画、结构等要素进行的形式探求，把艺术想象力和创新意识融入字体设计中，使字体传达出企业的特点。从现有的印刷规范字体看，不同的字体有不同的风格。汉字中宋体字形典雅方正，黑体字形粗壮醒目。外文字母中，罗马体造型匀称和谐、无装饰。

具体到企业形象设计、VI基础系统的标准字体设计时，首先要掌握企业的背景情况，然后再进行创意设计，主要从字形、笔画和结构三个方面着手设计。

（1）常用字体一般局限于方形，在设计标准字体时首先要突破旧的格局，强调文字的外形特征，使字形外部产生变化。

（2）字体笔画虽各具风格，但基本上都比较匀称统一。在标准字体的设计中，有时为了强调坚实的感觉，可做一些硬性处理；有时为了突出柔软的特点，可做柔性处理。

（3）在标准字体的整体结构设计上，为了打破传统文字已形成的定势，突出创意，可以有意识地夸大或缩小字体结构的某个局部，改变一般字体习惯性均衡分布的状态，使标准字体的结构得以调整，赋予其新意，

从而区别于通常的排列和书写形式，形成企业特有的标准字体形式。

二、标准字体设计的特点

世界上现有的诸多文字可归为两个系列，一种是表音文字（如英文），另一种是表意文字（如汉字）。从内部结构和外部形式上看，这两种文字虽然存在着很大的差异，但如果把它们纳入设计的范畴，仍有许多相通之处。

英文的形象是抽象的，表意文字的汉字在经过简化、发展演变后，其形象也是抽象的。这样看，表音、表意的文字都是规范在一定的形状之中，有高度的条理与比例，都是依照一定的构成法则组成的富有审美感染力，有个性、有情趣、有特点的文字形象。

标准字体设计是一种艺术创造，只要不超越文字的确定性和严密性，根据设计意图，按照字形的要求，可以进行延伸、缩小、疏密、远近的处理。根据线条的要求，进行粗细、长短、曲直的变形描绘，以适应设计的需求，体现出刚正严肃、柔和轻松、抒情浪漫和悲壮浓重等艺术氛围。

标准字体设计如图 2-8 至图 2-10 所示。

图 2-8　标准字体设计（一）　　　　　图 2-9　标准字体设计（二）

北京现代汽车视觉形象识别手册	中文标准字缩小使用规范(2)

展示的公司中文标准字是为了展示的目的，公司的标准字无论放大或缩小，标准字应总是保持一致。

北京现代

北京现代

北京现代

北京现代

北京现代

北京现代

北京现代

A-03-03

北京现代汽车视觉形象识别手册	中文标准字缩小使用规范(1)

展示的公司中文标准字是为了展示的目的，公司的标准字无论放大或缩小，标准字应总是保持一致。

北京现代汽车有限公司

北京现代汽车有限公司

北京现代汽车有限公司

北京现代汽车有限公司

A-03-02

北京现代汽车视觉形象识别手册	中文全称标准字横式规范

标准字是企业视觉识别系统中的重要第一环，它与其它基本要素的综合运用。直接传给社会公众层，标准字常用范围非常广泛，从霓虹灯、大招牌、以至名片、信封等细微地方都有应用。
一般与公司标志组合使用，并根据使用场合、选择某一组合形式、严格按比例缩放。本页字体为中文全称标准字横式规范，并附标准制图。

北京现代汽车有限公司
方正综艺美体

北京现代汽车有限公司
黑底反白字

北京现代汽车有限公司
标准字体方格图

A-02-01

北京现代汽车视觉形象识别手册	英文全称标准体横式规范

本页字体为英文全称标准体横式规范，并附标准制图。一般与公司标志组合使用，并根据使用场合、选择某一组合形式，严格按比例缩放。

BEIJING HYUNDAI MOTOR COMPANY
英文标准体

BEIJING HYUNDAI MOTOR COMPANY
黑底反白字

BEIJING HYUNDAI MOTOR COMPANY
标准字体方格图

A-02-05

北京现代汽车视觉形象识别手册	英文标志缩小使用规范

公司英文标志的复制总是保持一致。无论放大或缩小，标志的比例应当保持不变。

BEIJING HYUNDAI

BEIJING HYUNDAI

BEIJING HYUNDAI

BEIJING HYUNDAI

BEIJING HYUNDAI

BEIJING HYUNDAI

A-03-05

北京现代汽车视觉形象识别手册	英文全称标准体缩小使用规范

展示的公司英文标准体是为了展示的目的，公司的标准体无论放大或缩小、标准体应总是保持一致。

BEIJING HYUNDAI MOTOR COMPANY

BEIJING HYUNDAI MOTOR COMPANY

BEIJING HYUNDAI MOTOR COMPANY

BEIJING HYUNDAI MOTOR COMPANY

A-03-04

图 2-10　标准字体设计（三）

任务四　标准色设计

任务概述

本任务主要对企业形象设计的标准色的基本知识进行讲述。设计师精心研究色彩，选用特定的颜色作为企业的专用色彩，以求从色彩感性的一面来传达企业的理念及形象。标准色是整个 VI 基础系统的有机组成部分，要注意 VI 基础系统的可操作性、系统性和连贯性。

收集国际大师的作品或成熟的设计作品，学习和体验设计师的工作思路，了解设计过程和方法，具体可根据实际专业情况有所侧重。

形式：采用小组形式或个人形式进行设计。

要求：企业的标准色分为主色和辅助色两部分。主色是企业形象设计的主色彩，是企业视觉识别系统最常出现的色彩，辅助色在特定的场合出现，起着辅助主色的作用。色彩的应用在设计与使用环节中会受到许多因素的影响，为避免因颜色的偏差而影响标志的视觉效果，企业的标准色应按国际印刷业最通用的方法，以四色印刷 CMYK 的色彩标准进行设定。

要求每位学生设计出主色和辅助色三套电脑稿方案，并做出必要的设计说明。通过学习，加强学生对标准色设计的感性认识，提高形象表现力。选择具有代表性的成功案例在全班分小组交流讨论。

考核：教师评价（占总成绩的 50%）；

学生自我评价与同学评价（占总成绩的 20%）；

平时表现（占总成绩的 20%）；

投稿、企业评定、大赛评定、作品展示（占总成绩的 10%）。

能力目标

结合任务二、任务三的内容，使学生能设计出与企业标志相协调的标准色，表达企业的性质和特点，保证整个 VI 基础系统的可操作性、系统性、连贯性。

知识目标

使学生掌握标准色的知识，能进行设计实践。

素质目标

使学生具备良好的自学能力、设计能力、合作与沟通能力。

知识向导

企业色彩通常包括标准色和辅助色两类。

标准色是指企业指定或配置某一特定的色彩或一组色彩，运用在所有视觉传达的媒体上，通过色彩的知觉刺激与心理反应,体现企业的经营理念或产品的特质。标准色在企业整体形象设计系统中,有着强烈的识别效应,是经营战略实施的有力工具。在当今信息时代,色彩扮演着举足轻重的角色,主要是因为色彩除了具有知觉刺激,能引发生理反应外,还具有因消费者生活习惯、宗教信仰、社会规范、自然观的不同,使人们看到不同的色彩产生不同联想或抽象的情感共鸣作用。标准色的产生依靠这种微妙的色彩力量,并以此来确立企业、品牌或商品的形象。标准色同标志、标准字体一样是企业形象战略中的核心要素,是企业经营战略中的有力工具。

　　辅助色作为对标准色的补充,用于区别不同部门或场合。辅助色要注意与标准色之间的协调,以及与用色环境及对象的协调。区别企业集团公司与子公司,区别企业不同部门及品牌、产品时,一般采用辅助色。

一、企业标准色的特性

　　企业的标准色,是企业理念的象征,是整体 VI 设计中至关重要的视觉要素之一。企业的标准色一经确定,将会应用在企业所有视觉传达的相关媒体上,与企业标志、企业标准字体等基本视觉要素一起,形成完整的企业视觉识别系统。

二、企业标准色的设定

　　企业标准色是企业的特定色彩,用来强化企业的视觉识别特征。色彩是最能引起人们视觉兴奋的元素,利用特定的企业标准色来树立企业形象是现代 VI 设计的重要特征。

　　(1)根据企业经营理念或产品特质,选择适合表现其突出概念和特点的色彩。

　　(2)为凸显与其他企业的差异,选择显眼夺目、与众不同的色彩,以期达到企业识别、品牌突出的目的。

　　(3)标准色在传播媒体中的运用非常广泛,并且涉及各种材料、技术等因素。为了使企业的标准色能准确再现和方便管理,应尽量选择印刷技术、分色制版合理的色彩,使之统一化。

　　标准色的设定如图 2-11 至图 2-16 所示。

图 2-11　标准色的设定(一)

图 2-12　标准色的设定（二）

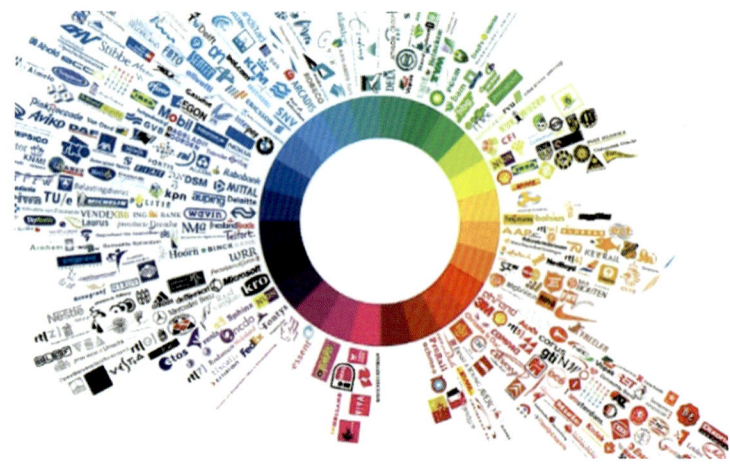

图 2-13　标准色的设定（三）

图 2-14　标准色的设定（四）

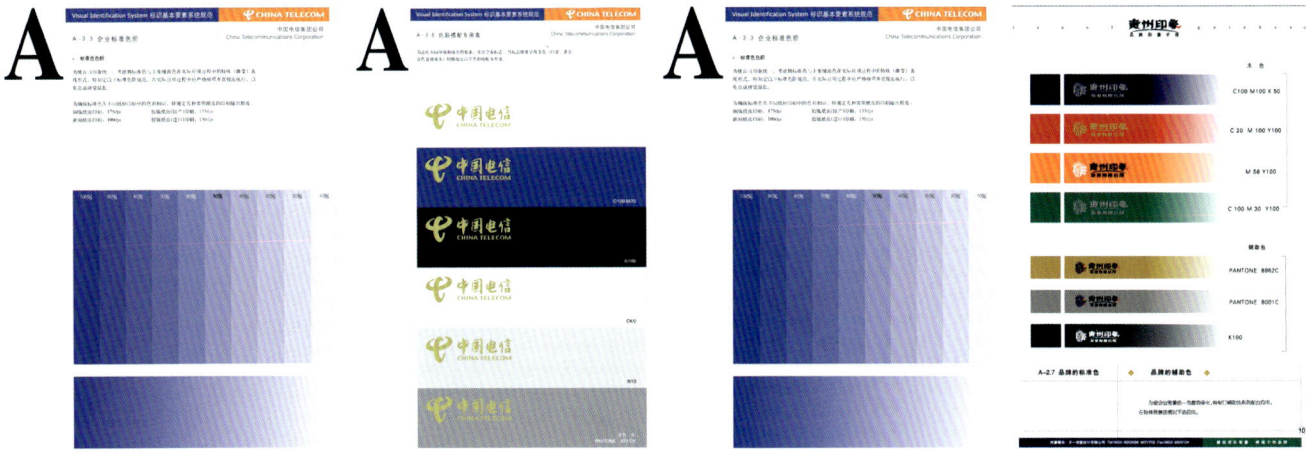

图 2-15　标准色的设定（五）　　　　　　　图 2-16　标准色的设定（六）

三、企业标准色的开发程序

企业标准色的确定建立在企业经营理念、组织结构、市场目标、营销策略等因素的基础上。标准色的开发程序可分为以下几个阶段。

（一）色彩调查阶段

调查分析企业与竞争企业之间的差异，特别是在使用色彩方面的差异，以及消费者对企业标准色的评价。

（1）收集相关资料。

（2）企业现有色彩使用情况分析。

（3）对企业现有色彩的认识形象分析。

（4）竞争企业色彩使用情况分析。

（5）公众对竞争企业色彩的认知。

（二）表现概念阶段

本阶段是根据企业色彩调查分析的结果及企业发展战略的需要来设定对应的表现概念，以创立企业形象、确定企业标准色。

（1）表达企业经营理念方面的关键词，如技术领先、诚实协作、创造、信用与责任等。

（2）表达企业形象的关键词，如有信赖感、有实力、一流的、有发展的、有未来的、合乎时代潮流的、国际化的等。

（3）表达企业风格的关键词，如开放的、温和的、活泼的等。

（三）色彩形象阶段

本阶段是依据色彩形象尺度将企业形象的概念与色彩形象进行合理、客观的定位，可分以下几个步骤进行。

（1）分析资料，纳入系统。

（2）归纳形象概念，给予形态分类。

（3）对照语言形象与色彩形象，看是否吻合。

（四）效果测试阶段

本阶段是根据选定的色彩样本进行心理性、生理性和物理性的调查与测试，以确保色彩样本能够表现企业的形象概念。

（1）判断色彩样本是否表现出了企业的形象概念。

（2）色彩明视度、记忆度、注目性等心理效果的测试。

（五）监督管理阶段

本阶段主要对选取色彩的传播效果进行监督管理，以便统一与正确地使用，建立标准化的色彩使用计划，其实施细节如下：

（1）对制作的色彩进行审查。

（2）对印刷品打样色彩评估。

（3）对产品模型色彩评估。

（4）资料收集、整理，反馈管理系统。

墨尔本城市视觉形象如图 2-17 所示。

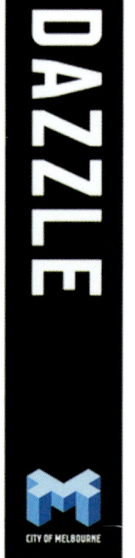

图 2-17　墨尔本城市视觉形象

续图 2-17

任务五　辅助视觉要素设计

任务概述

本任务主要对辅助视觉要素的基本知识进行讲述。辅助视觉要素是对标志的一种补充，在特定的场合出现。辅助视觉要素是为了增强整个视觉识别系统的适应性，强化基本视觉要素的视觉特征而存在的一种辅助性设计要素。

收集国际大师的作品或成熟的设计作品，学习和体验设计师的工作，了解设计过程和方法，具体可根据实际专业情况有所侧重。

形式：采用小组形式或个人形式进行设计。

要求：吉祥物在视觉识别系统中是辅助性的视觉要素之一，是为了表现企业的性格和产品特征，而设计的漫画式人物、动物、植物及风景等，以其亲切、可爱、生动的形象，成为视觉传达的焦点。象征图形是具有"线"或"面"的造型特征的辅助视觉要素，与其他基本视觉要素产生强弱、宾主的对比效果，可加强基本视觉要素的表现力。选择有代表性的成功案例在全班分小组交流讨论。

考核：教师评价（占总成绩的 50%）；

　　　　学生自我评价与同学评价（占总成绩的 20%）；

　　　　平时表现（占总成绩的 20%）；

　　　　投稿、企业评定、大赛评定、作品展示（占总成绩的 10%）。

能力目标

使学生能设计辅助视觉要素，表达企业性质、特点，保证整个 VI 基础系统的可操作性、系统性和连贯性。

知识目标

使学生掌握辅助视觉要素的知识，能进行设计实践。

素质目标

使学生具备良好的自学能力、设计能力、合作与沟通能力。

知识向导

辅助视觉要素包括象征图形与吉祥物。

一、象征图形的设计与制作

象征图形是基本视觉要素的拓展和延伸，与标志、标准字体既有区别又有内在联系。在媒体传达中，象征图形一般担任配角。当象征图形与其他基本视觉要素一起使用时，可起到对比、陪衬的作用，增加了其他要素在应用中的柔软度、适应性及深入程度。象征图形以其丰富多样的造型和变化，进一步补充了企业标志、标准字体、标准色的视觉传达能力，使企业形象的内容更加充实，能抓住人们的视线，引起人们的兴趣，揭示视觉形象的根本意义，使其完整化。通过象征图形的组合、美化，产生有秩序的节奏、韵律，增强了画面的视觉冲击力和美感，增强了传达形式的亲切感。象征图形和其他视觉要素一样，在设计上有自身的规律，具有辅助说明的特点，应遵循以下原则。

（一）识别性原则

象征图形应具有强烈的视觉特征和独特的风格。根据基本视觉要素的特点，设计出有个性的、相对独立的象征图形，在单独使用时能传达企业的性质和商品特征，其识别性是进行衍生设计的基本条件。

（二）统一性原则

由于象征图形是辅助主体视觉要素如标志、标准字体、标准色的，因此，要和主体视觉要素的设计相统一，不能为追求美观而忽视整体统一性。

（三）造型性原则

象征图形的形态要美、要有趣味性，依据图形设计的形式美法则，创造优美生动的象征图形，用以增强总体视觉形态的气氛。

（四）灵活性原则

象征图形作为比较活泼的辅助视觉要素，要适用于各种传播媒体的视觉需要，其本身要能进行多种变形，能采用各种工艺加工制作，且能保持始终统一的形象。象征图形的设计构思主要来自两个方面：一是从标志图形中衍生变化而来；二是设计象征造型。无论哪一种构思方向，在具体的造型手段上一定要注意图形的形态设计。象征图形大多是以几何形为主，因为几何形单纯，有极好的延展性，有点、线、面等形态，构造时应根据应用的实际需求，分为单元组合和连续图形两大类。象征图形构成的基本特征是节奏和韵律的变化。

象征图形的设计与制作如图 2-18 至图 2-20 所示。

图 2-18　象征图形的设计与制作（一）　图 2-19　象征图形的设计与制作（二）　图 2-20　象征图形的设计与制作（三）

二、吉祥物的设计与制作

吉祥物和标志的性质有些相同，都是形象的代表。与标志的不同点在于，吉祥物通常以人们常见的、含有吉祥寓意的动物、植物或童话、神话中的人物构成，以雕塑、工艺品等形式出现。一家企业或店铺，已经有了徽标之后，还应当再设计一个吉祥物形象，这样会提高企业或店铺的知名度。常见的吉祥物有鹤、鹿（用于中药店）、熊猫（用于儿童商店）、麒麟（日本麒麟汽水）等。吉祥物的选择，要考虑民族的传统习俗，不要采用有悖于人们审美心理的事物。例如，猫头鹰在欧洲是智慧的象征，故慕尼黑国际书籍展览以它做吉祥物；但在中国，人们把它看作不祥之鸟，素有"夜猫子进宅——没有好事儿"的说法。又如乌龟，在日本是长寿和有福的象征，也常常被用作吉祥物形象，但中国人对乌龟却颇有贬义，很少用它做吉祥物。选择吉祥物，除了吉祥的含义以外，最好还要同企业或店铺的性质、名称含义等方面巧妙地联系起来。例如，Victory Hill 溜冰场用企鹅做吉祥物，寓有南极的寒冷之意，十分恰当；又如 Kamimoto 饮料店，用希腊神话中的酒神形象做吉祥物；又如中国传统的药铺以神话传说中的寿星做吉祥物等，都是非常好的范例。

（一）吉祥物的设计

吉祥物的选择和设计，应当着重从顾客心理、民俗文化和流行时尚等角度来确定。具体做法上，可以先拟选几种不同的形象，在一定范围内向消费者发布，再做消费者心理测试和评议，然后确定一种形象。选择和设计吉祥物时应注意：被选定的吉祥物能够准确说明或象征企业文化，表现企业特点，能够传达出企业的优势、信誉。吉祥物的图形形象比标志要复杂，应适应各种材料和各种生产工艺的要求，并尽量做到优美、生动、富有情趣，获得大众喜爱；同时，应避免使用不健康的内容和形象。

吉祥物的设计与应用是现代企业经营活动中十分有力的促销手段。我国公众已认识到它的价值，在广州举行的第六届全国运动会设计了以山羊（象征羊城）形象出现的吉祥物，在济南举行的全国首届城市运动会设计了以苹果（象征山东苹果）形象出现的吉祥物，均受到人们普遍的欢迎和喜爱。随着市场经济的进一步发展，推销成为企业家十分重视的项目，不少有远见的企业家已认识到吉祥物的推销作用，它在与消费者沟通感情、建立信任上，具有其他视觉要素无法替代的功能。

（二）吉祥物的系列化

一旦确定了吉祥物，应尽量利用一切机会、一切场合，突出展示。

首先，在企业的建筑物上安装使用吉祥物造型，并配以霓虹灯以保证夜间的视觉效果。除此之外，凡与外界联系的各种用品都应尽可能做出标示，使一切视觉传达媒体和渠道都传达同一个吉祥物，从而充分发挥整体、系列、强大有力的识别作用。久而久之，便会在公众心目中有效地树立企业形象，做到家喻户晓，人尽皆知。国际上，像可口可乐、柯达等著名企业，皆以系列化的标志、标准字体、标准色及吉祥物而深入人心，赢得了广泛的欢迎。吉祥物不但在商店、建筑上应用，而且在一切服务性、文化性活动场所都可以应用。例如，海洋公园可用海马的形象作为公园的吉祥物，无论门票、导游图，各种娱乐设施、园内建筑物，工作人员的制服、帽徽，乃至公园专用的交通运输工具，都可印上吉祥物，不仅十分引人注目，而且还有整体感、系列感。

星级宾馆的吉祥物可广泛使用在各种媒介上，如信封、信笺、纪念册、香皂、火柴、沐浴液、洗发水、牙刷、被褥、地毯、毛巾、浴巾、餐具、车辆、制服等用品。吉祥物反复出现，产生整体的宣传，使顾客对宾馆的设施与服务产生亲切感。有许多物品属赠送品，顾客在离开时可以带走，它们仍然在宣传宾馆的美好形象。由于吉祥物有这样的作用，现代大型商店、企业、宾馆，乃至展览会、运动会，都十分重视吉祥物的设计及其系列化应用。

　　总之，吉祥物造型的使用范围越广，重复出现的次数越多，接受宣传的人数就越多，给公众的印象也越深刻，对于扩大企业的影响力和提高企业的知名度就越有利。

　　吉祥物的系列化如图 2-21 至图 2-26 所示。

图 2-21　吉祥物的系列化（一）

图 2-22　吉祥物的系列化（二）

图 2-23　吉祥物的系列化（三）

图 2-24　吉祥物的系列化（四）

图 2-25　吉祥物的系列化（五）

击剑　　　　　铁人三项　　　　　拳击　　　　　摔跤　　　　山地自行车

图 2-26　吉祥物的系列化（六）

任务六　编排模式

任务概述

本任务主要对编排模式的基本知识与要点进行讲解。对标志、标准字体、标准色等要素进行编排与组合。标志与标准字体的组合，是企业视觉识别系统基本要素的规范组合。为保证企业视觉识别系统对外的一致性，对位置、距离、大小等均要做详细的规定，使其标准化。在标志的使用中，要严格遵守各部分的相互位置及比例关系，不得随意更改。

收集国际大师的作品或成熟的设计作品，学习和体验设计师的工作，了解设计过程和方法，具体可根据实际专业情况有所侧重。

形式：采用小组形式或个人形式进行设计。

要求：通过学习，加强学生对编排要素空间关系的认识，增强表现力，给出必要的设计说明。选择具有代表性的成功案例在全班分小组交流讨论。

考核：教师评价（占总成绩的50%）；

学生自我评价与同学评价（占总成绩的20%）；

平时表现（占总成绩的20%）；

投稿、企业评定、大赛评定、作品展示（占总成绩的10%）。

能力目标

通过学习，使学生能合理进行标志、标准字体、标准色等要素组合，增强对象的表现能力。表达企业性质、特点，保证整个VI基础系统的可操作性、系统性、连贯性。

知识目标

使学生掌握编排的相关知识，分析具体的问题。

素质目标

使学生具备良好的自学能力、设计能力、合作与沟通能力。

知识向导

编排是对视觉形象设计传达内容的各种构成要素（插图、标志、企业名称、标准色等造型要素与标题、标语、说明文字等内容要素）进行必要的关系设计，并进行视觉关联与配置，使这些要素和谐地、相辅相成地出现在一个版面上，从而形成具有活力的有机组合，以达到最佳的设计效果。

编排的目的在于提高设计的被关注度，以发挥企业视觉形象对社会大众的诱导力量，抓住人们的注意力，在人们的脑海中留下良好的印象和深刻的记忆。

编排模式的首要目标是使企业形象能够"被看见"。如何让消费者看见？如何立即抓住社会大众的注意力？是编排设计的重要课题。

成功的编排模式具有不可忽略的意义。首先，能提高设计的被关注度，产生非同一般的传播效果，激发消费者的兴趣；其次，有利于企业信息的迅速传达，易于被消费者辨认、阅读、理解、接受；最后，能保证企业及品牌印象的留存，在人们脑海中留下清晰的记忆，引导消费者的购买行为。

编排模式是指在平面设计的版面上塑造统一的设计形式，它不仅创造吸引力，而且能赋予企业形象强烈的识别性，因此逐渐成为设计师非常重视的设计要素之一。在视觉识别系统中规划一套同一性、系统化并富有延伸性的编排模式，已成为当今各大企业视觉识别系统设计中的重点。

设计编排模式时，首先要把握企业视觉识别系统的基本要素。根据组合系统的规定，增添标题、文案内容，进行各种排列组合，确定编排模式。

根据应用的需要，设计各种不同的编排模式，满足实务操作的要求。如报纸、报告可设计横、竖两种模式。对于特殊的传播媒体，可根据特殊规格设计特定的版面模式。

编排模式确定后，为方便制作和应用，要绘制结构图以统一规范。编排模式的结构图必须标明尺寸，标出各种构成要素，并标注它们在版面上的空间位置。

编排模式如图 2-27 至图 2-31 所示。

图 2-27　编排模式（一）　　　　　　　图 2-28　编排模式（二）

图 2-29　编排模式（三）

续图 2-29

图 2-30 编排模式（四）

图 2-31 编排模式（五）

CI SHEJI

项目三
CI 设计与规范制作
——VI 应用系统设计开发

任务七　办公用品设计

任务概述

本任务主要对办公用品设计的基本知识进行讲解。办公用品是企业内部形象的具体体现，可以直接反映出企业对品牌形象的重视程度与管理水平。好的办公用品应用推广，可以使企业形象建设达到事半功倍的效果。同时，办公用品也是企业形象的一部分，是增强员工荣誉感的重要因素。

收集国际大师的作品或成熟的设计作品，学习和体验设计师的工作，了解设计过程和方法等，具体可根据实际专业情况有所侧重。

形式： 采用小组合作的形式进行设计。

要求： 企业日常办公用品是对外交流中频繁使用的物品，是企业传递信息的重要载体。为了更好地体现企业的视觉形象，避免办公用品在使用中的混乱，应对办公用品进行标准化设计，注明其详细尺寸，并在实际制作中严格遵守。在设计的时候要注意整个 VI 应用系统的可操作性、连贯性，选择具有代表性的成功案例在全班分小组交流讨论。

考核： 教师评价（占总成绩的 50%）；

学生自我评价与同学评价（占总成绩的 20%）；

平时表现（占总成绩的 20%）；

投稿、企业评定、大赛评定、作品展示（占总成绩的 10%）。

能力目标

应用系统是基础系统的扩展与延伸，也是 CI 设计的载体与媒介。基础系统应协调、系统地在企业内外载体上得到应用，以达到企业形象识别一体化的目的。

知识目标

使学生掌握办公用品设计的项目分类，掌握每个项目的设计要求、材质、工艺等知识。有些项目需要符合国家标准或国际标准，要认真研究和执行，从而在规定的范围内进行设计开发。

素质目标

使学生具备良好的自学能力、设计能力、合作与沟通能力。

知识向导

在企业诸多的视觉传达媒体中，办公用品应用面广、传播率高、作用时间久，是所有企业都必须运用的信息传达工具。企业办公用品具有双重功能，既有工作中的实用功能，又有视觉上的识别功能，可谓一物两用；既服务于企业业务往来，又树立了企业形象。

办公用品直接影响企业风格和员工心理，办公用品规范的设计和科学的管理，给人以条理、整齐、正规的感觉，有利于形成企业的优良作风，可以增强员工的自尊心和自信心、责任感和荣誉感，给员工的精神状态、服务态度、工作效率带来积极的影响。

一、名片

名片虽小，但要让企业标志和企业名称醒目，且需标明名片持有人的姓名与职务。

二、信封

设计信封首先是设定署名的表达方法，根据书写形式和记录方法决定企业的标志及其他要素的位置、尺寸。在设计信封时，尤其应注意的是遵守邮政法规。尺寸、重量、署名、空间划分与比例和颜色等都应按照规范确定。

三、信笺

信笺可分为信笺与便笺两类，在信笺上标出企业标志和企业的名称等要素。对于使用一页的信笺，企业要素设计应全面；对于使用两页以上的信笺，企业要素设计应简单化。设计英文信笺时，必须研究企业标志、企业名称等所处的合理位置。

四、其他纸类办公用品

根据具体种类的不同，设计亦有所差异，但主要的构成要素是基本相同的。办公用品设计包括企业标志、企业名称、标准字体、联系地址及电话、电报、传真、邮政编码等。有的还要加上纸品的名称，如请柬、报价单、预算书及各种票据、报表等。企业纸类办公用品的设计，要充分注意空间布局，除名片外，其他都需留出大量的空白来书写，以便传达公务信息。设计的要点是使之更好地发挥实用功能，创造出方便、有效的空间。

企业的基本视觉要素在版面的设计中均处在边缘地带，要善于调整，运用别致的构图形式，处理好空白与边缘位置的关系。办公用品的设计色彩配置，应以企业的标准色为依据，办公用品的用纸从一般单据、票证到请柬、台历等，可根据用途不同选用不同的纸张。

办公用品过去曾受到设计冷遇，被理解为不如广告直接。在现代企业战略中，它却成为视觉传达体系中重要的一环，受到了有见识的企业家的关注。作为与人们日常工作如此密切的用品，除去实用功能外，它的确是企业视觉识别的传播媒介，所以要高度重视，在 VI 的整体设计中创造出一批格调高雅、与时代匹配的办公用品系列，树立企业的形象。

办公用品设计如图 3–1 至图 3–10 所示。

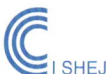

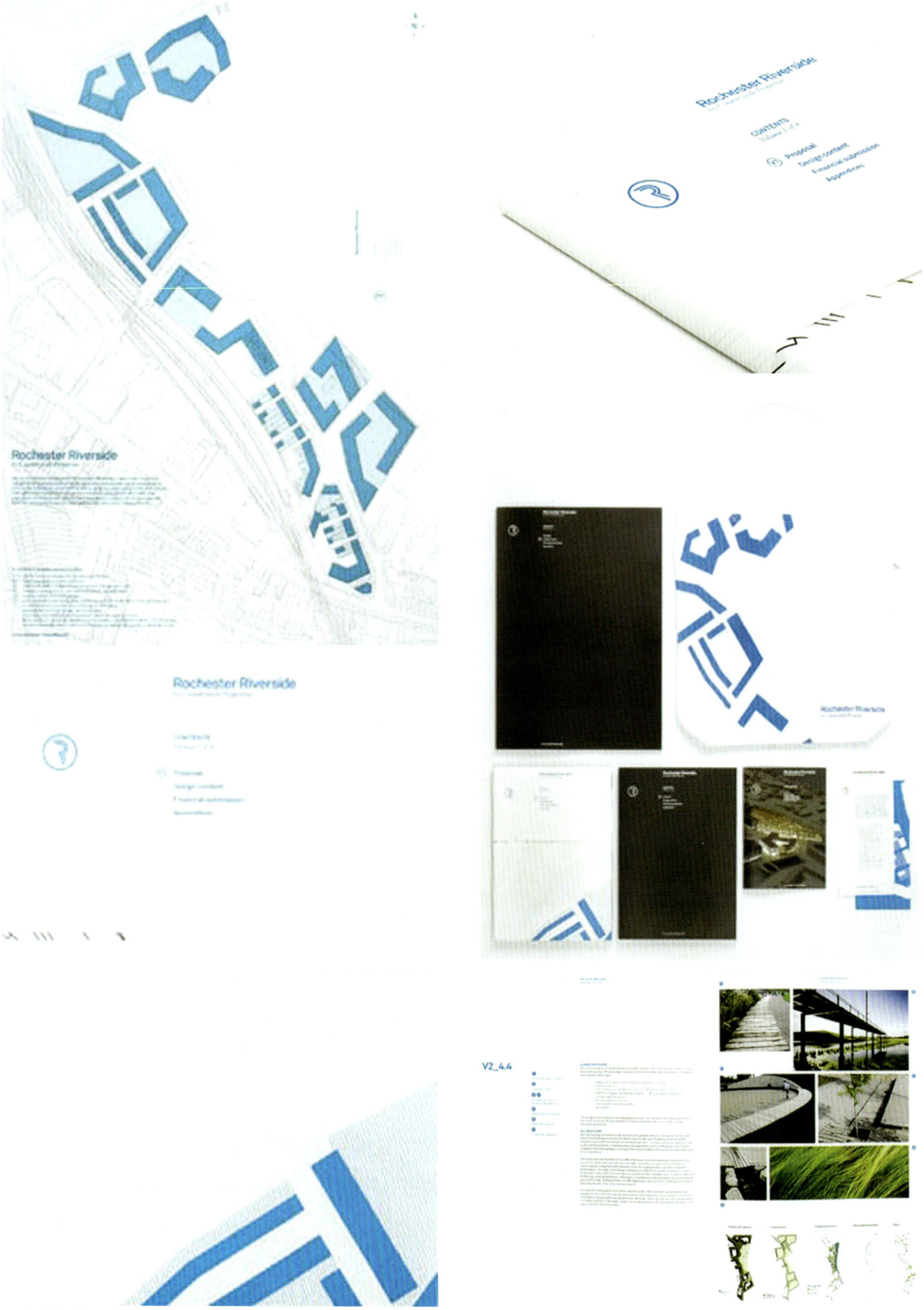
Rochester Riverside
CONTENTS
Proposal
Design content
Financial submission
Appendices
Rochester Riverside
V2_4.4

图 3-1　办公用品设计（一）

图 3-2　办公用品设计（二）

图 3-3　办公用品设计（三）

图 3-4　办公用品设计（四）

图 3-5　办公用品设计（五）

图 3-6　办公用品设计（六）

图 3-7　办公用品设计（七）

图 3-8　办公用品设计（八）

图 3-9　办公用品设计（九）

图 3-10　办公用品设计（十）

任务八　公共关系赠品设计

任务概述

本任务主要对公共关系赠品设计的基本知识进行讲解。公共关系赠品是企业对外交流、沟通的具体形式，它可以直接反映出企业对品牌形象的重视程度与管理水平，精致的公共关系赠品的应用推广，可以使企业形象传播达到事半功倍的效果。同时，公共关系赠品也是企业形象的一部分，是增强员工荣誉感的重要因素。

收集国际大师的作品或成熟的设计作品，学习和体验设计师的工作，了解设计过程和方法，具体可根据实际专业情况有所侧重。

形式：采用小组合作的形式进行设计。

要求：公共关系赠品是企业对外交流中频繁使用的物品，是信息传递的重要载体。为了更好地体现企业的视觉形象，避免使用中的混乱，对公共关系赠品进行标准化设计，并注明详细尺寸，在实际制作中应严格遵守。设计时要注意整个 VI 应用系统的可操作性、连贯性，选择具有代表性的成功案例在全班分小组交流讨论。

考核：教师评价（占总成绩的 50%）；

学生自我评价与同学评价（占总成绩的 20%）；

平时表现（占总成绩的 20%）；

投稿、企业评定、大赛评定、作品展示（占总成绩的 10%）。

能力目标

应用系统是基础系统的扩展与延伸，也是 CI 设计的载体与媒介。基础系统应协调、系统地在企业内外载体上得到应用，以达到企业形象识别一体化的目的。

知识目标

使学生掌握公共关系赠品设计的项目分类，掌握每个项目的设计要求、材质、工艺等。有些项目具有一定的行业标准，要认真研究和执行，并考虑经济因素与材料工艺等，在可行的范围内进行设计开发。

素质目标

使学生具备良好的自学能力、设计能力、合作与沟通能力。

知识向导

在企业营销及企业交往过程中，开发制作一些礼品馈赠，是改善关系、联络感情、沟通交流、协调联系、增进友谊、促进销售和加强协作的有效方法。公共关系赠品的设计开发往往是多样化的，一般会将企业形象的主体符号，如标志、标准字体、吉祥物等应用到人们日常生活中，使之成为企业特有的礼品，如茶杯、雨伞、提包、打火机、钥匙扣、礼品袋、挂历、台历、文化衫、帽子、纸扇等。礼品的形式往往结合企业所参加的各

种会议、会谈、展览会、促销活动等而有所不同，发放的礼品上须有明显的企业名称、标志，可加上辅助图形和辅助色彩，设计时要注重观赏性和实用性的结合，若受赠者不喜爱则失去了它的作用。

公共关系赠品设计如图 3-11 至图 3-17 所示。

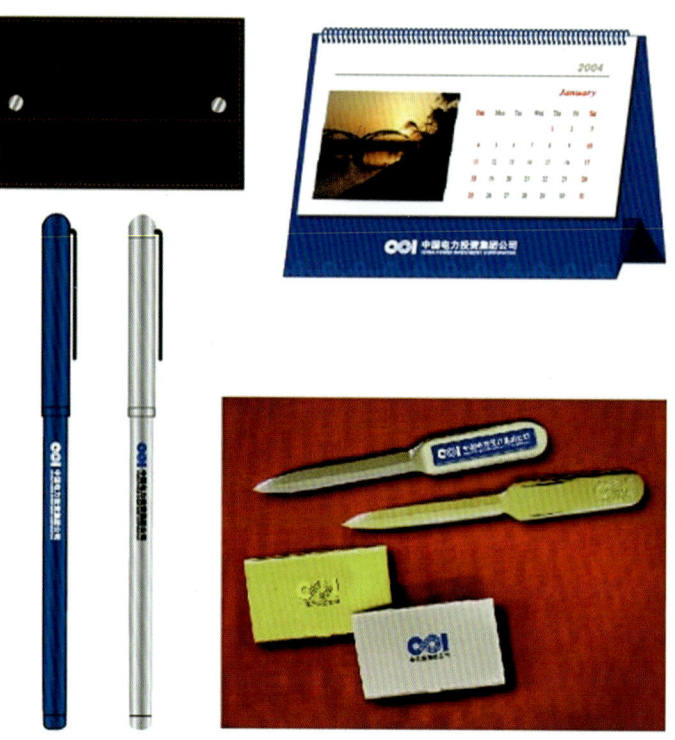

图 3-11　公共关系赠品设计（一）

图 3-12　公共关系赠品设计（二）　　　　图 3-13　公共关系赠品设计（三）

图 3-14　公共关系赠品设计（四）　　　　　　　图 3-15　公共关系赠品设计（五）

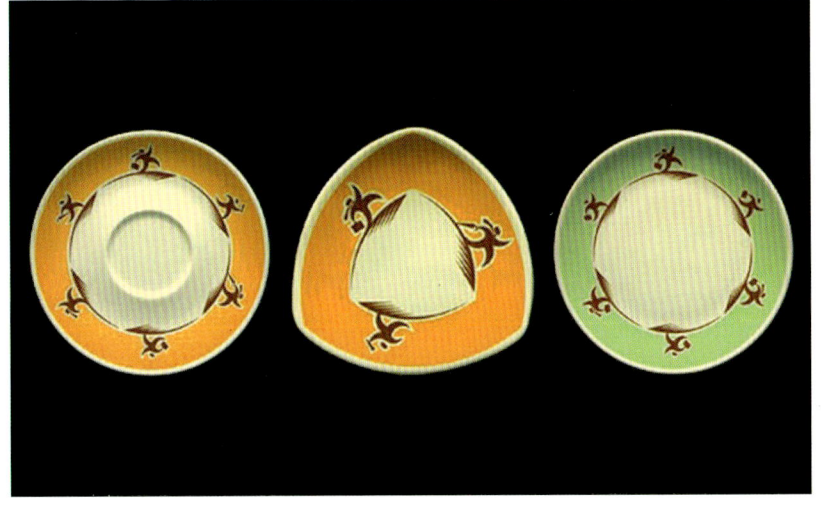

图 3-16　公共关系赠品设计（六）

图 3-17　公共关系赠品设计（七）

任务九　环境识别设计

任务概述

本任务主要对环境识别设计的基本知识进行讲解。公共环境部分是企业整体经济实力的具体体现。公共环境可以很好地展示人与自然的和谐风貌；同时，也是对外展示企业现代化形象的重要载体。通过完美的人文环境去感染受众，让受众对企业产生信任感。

收集国际大师的作品或成熟的设计作品，学习和体验设计师的工作，了解设计过程和方法，具体可根据实际专业情况有所侧重。

形式：采用小组合作的形式进行设计。

要求：环境形象需要给人以视觉冲击力，在复杂的环境中第一时间吸引人们的眼球，达到宣传企业形象的目的。企业环境是 VI 设计的重要部分，对它进行有效的视觉形象规范，有利于企业形象传播系统的明确、清晰。在设计的时候要注意整个 VI 应用系统的可操作性、连贯性，选择具有代表性的成功案例在全班分小组交流讨论。

考核：教师评价（占总成绩的 50%）；

学生自我评价与同学评价（占总成绩的 20%）；

平时表现（占总成绩的 20%）；

投稿、企业评定、大赛评定、作品展示（占总成绩的 10%）。

能力目标

应用系统是基础系统的扩展与延伸，也是 CI 设计的载体与媒介。基础系统应协调、系统地在企业内外载体上得到应用，以达到企业形象识别一体化的目的。

知识目标

使学生掌握环境识别设计的项目分类，每个项目设计的要求、材质、工艺等。有些项目具有一定的行业标准，需要认真研究和执行，并考虑经济因素与材料工艺等，在可行的范围内进行创作开发。

素质目标

使学生具备良好的自学能力、设计能力、合作与沟通能力。

知识向导

环境识别设计包括建筑环境识别设计、商业空间识别设计和导向牌设计等方面的内容。

一、建筑环境识别设计

企业的建筑环境是企业固有的传达媒体，对企业的建筑物及周边环境进行规划，进行识别应用设计，是

VI 设计的重要项目之一。企业建筑环境的构成要素主要包括建筑空间、生产和购物场所、服务性和娱乐性设施。在设计开发时，要从有利于提高工作效率、有利于员工集中精力投入生产方面加以考虑，在色彩和造型上应具有人情味。在企业的办公室、工作间等应调和色调、统一风格，以确定基本要素的选择、安排、位置、构图、字体、标志、大小。在沉闷的车间，用舒适的色彩设计劳动环境，能使员工心情愉快。企业建筑环境的基本功能是为生产和经营服务。

二、商业空间识别设计

现代商业空间的展示手法各种各样，展示形式也不确定，动态展示是现代展示中备受青睐的展示形式，它有别于陈旧的静态展示。采用活动式、操作式、互动式等形式，消费者不但可以触摸展品，操作展品，制作标本和模型，更重要的是还可以与展品互动，让消费者更加直接地了解产品的功能和特点。由静态展示到动态展示，能调动消费者的积极参与意识，使展示活动更加丰富多彩，取得更好的效果。

目前，动态展示普遍运用于大型固定展示空间，如展览馆、博物馆，采用高新技术和现代化的展示手段，使展馆更符合时代的要求。动态展示主要有以下几种形式：

（1）标本与活体结合展示，比如上海科技馆生物万象展区的大型生态鱼缸中放置着千姿百态的活体鱼群，备受观众喜爱；

（2）室内展示与露天展示结合，将某些展品放置在室外，可以使它们接近大自然，与观众的距离也缩短了，这种"回归自然"的形式新奇逼真，很符合当代人的审美情趣；

（3）动与静的结合，巧妙地运用全息摄影、激光、录像、电影、多媒体等现代成像技术、虚拟现实技术，使静态展品得到拓展，形成生动活泼、气氛热烈的展示环境，达到身临其境的效果；

（4）实物与电子信息的结合，通过电子导览系统，寻找理想的参观路线，通过计算机详细了解展示的知识内容，满足观众的要求。

环境识别设计在商业展示活动中逐渐受到大家的关注，如服装展示、汽车展示等。动态展示使展示生动化，使展示空间具有一种活力，如视觉冲击力、听觉感染力、触觉激活力、味觉和嗅觉刺激感等。通过娱乐色彩的环境、气氛和商品陈列、促销活动来吸引消费者注意力，提高展品的吸引力。商业展示空间的生动化比大众媒体广告更直接、更富有感染力，更容易刺激消费者的购买行为。

三、导向牌设计

消费者往往是通过企业的招牌、旗帜和标识来认识企业的。因此，绝不能忽视对企业导向牌的设计与开发。它们是提高企业知名度的重要手段。

（一）招牌

企业的招牌是指引性和标识性的企业符号，一般安置在企业的大门旁或路口、店面、展示厅、大门前等地方，是大众首先接触到企业形象，所以明智的企业家非常重视企业招牌的设计。

（二）旗帜

企业的旗帜分为吊挂式和撑杆式两种，多用在企业形象的传达场所，如厂区广场、展览和展销会场。吊挂式旗帜多为渲染环境气氛而设置，而撑杆式旗帜是企业的象征物。企业旗帜一般采用企业标志、企业标准字体作为设计元素，运用企业的标准色形成统一的视觉识别系统。

（三）标识

企业的标识可分为两大类。一类是纯识别标识，如室外标识、广告塔、建筑物等的主要展示面标志符号。另一类是以指示性为主要功能兼顾企业视觉要素的在室内外场所设置的标识牌。

企业招牌、旗帜和标识与企业的办公用品一样是企业固有的媒体，它们出现在各种场合，处处表现出企业的文化和理念，方便公众识别和内部员工的工作、生活，又创造了美好的环境。

导向牌开发设计要注意下列问题。

1. 设计的一致性

无论招牌、旗帜和标识都是以单独的形象出现，但它们每个个体又标志着综合性的企业形象，所以设计开发时一定要注意其系统化和一致性。

2. 易懂、醒目

在招牌、旗帜、标识的内容信息里，包括文字信息和视觉图形信息两个方面。设计开发时要注意文字信息内容的优先顺序，力求易懂，并且注意不要传达太多的信息，然后与视觉图形信息组合，制作出醒目的标识。同时，还必须考虑与背景、环境的明暗对比及色彩的搭配关系。

环境识别设计如图 3-18 至图 3-28 所示。

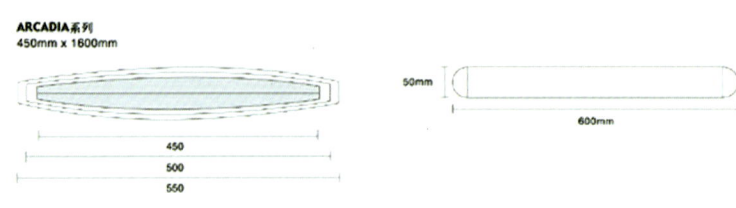

图 3-18　环境识别设计（一）

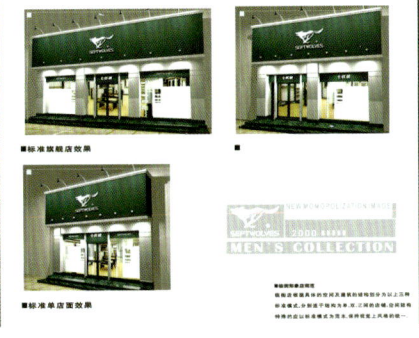

图 3-19　环境识别设计（二）

图 3-20　环境识别设计（三）

图 3-21　环境识别设计（四）

图 3-22　环境识别设计（五）

图 3-23　环境识别设计（六）

图 3-24　环境识别设计（七）

图 3-25　环境识别设计（八）

图 3-26　环境识别设计（九）

图 3-19　环境识别设计（二）

图 3-20　环境识别设计（三）

图 3-21　环境识别设计（四）

图 3-22　环境识别设计（五）

图 3-23　环境识别设计（六）

图 3-24　环境识别设计（七）

图 3-25　环境识别设计（八）

图 3-26　环境识别设计（九）

图 3-27　环境识别设计（十）

The Desk Identity

Helvetica Neue 55
The Desk Typography

Helvetica Neue 45 Light
abcdefghijklmnopqrstuvwxyz
ABCDEFGHIJKLMNOPQRSTUVWXYZ
0123456789$%&(.,:;!?)

Helvetica Neue 65 Bold
abcdefghijklmnopqrstuvwxyz
ABCDEFGHIJKLMNOPQRSTUVWXYZ
0123456789$%&(.,:;!?)

7pt /8pt
This is dummy text. It is intended to
be read but have no meaning. As a
simulation of actual copy, using
ordinary words with normal letter
frequencies, it cannot deceive eye or
brain. Dummy settings which use

10pt /11pt
This is dummy text. It is
intended to be read but
have no meaning. As a
simulation of actual copy,
using ordinary words with
normal letter frequencies,
it cannot deceive eye or

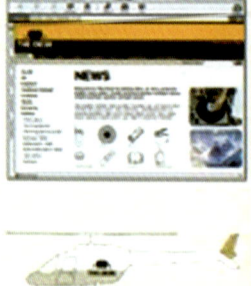

图 3-28　环境识别设计（十一）

任务十　企业广告设计

任务概述

本任务主要对企业广告设计的基本知识进行讲解。广告是企业通过各种媒体宣传企业形象与产品信息的重要手段，可以最直接、最全面地介绍企业相关的信息。统一的广告策略与风格，可以体现出企业整体的管理水平。

收集国际大师或成熟的设计作品，学习和体验设计师的工作，了解设计过程和方法，具体可根据实际专业情况有所侧重。

形式：采用小组合作的形式进行设计。

要求：广告形象要给人以视觉冲击，在复杂的市场环境中第一时间吸引人们的视线，达到宣传企业良好形象的目的。企业广告规范是 VI 设计的重要部分，对它进行有效的视觉形象规范，有利于企业形象传播系统的明确、清晰。在设计的时候要注意整个 VI 应用系统的可操作性、连贯性，选择具有代表性的成功案例在全班分小组交流讨论。

考核：教师评价（占总成绩的 50%）；

　　　　学生自我评价与同学评价（占总成绩的 20%）；

　　　　平时表现（占总成绩的 20%）；

　　　　投稿、企业评定、大赛评定、作品展示（占总成绩的 10%）。

能力目标

应用系统是基础系统的扩展与延伸，也是 CI 设计的载体与媒介。基础系统应协调、系统地在企业内外载体上得到应用，以达到企业形象识别一体化的目的。

知识目标

使学生掌握企业广告规范的项目分类，每个项目设计的要求、材质、工艺等。有些项目应满足一定的行业标准，需要认真研究和执行，并考虑经济因素与材料工艺等，在可行的范围内进行设计开发。

素质目标

使学生具备良好的自学能力、设计能力、合作与沟通能力。

知识向导

掌握企业广告规范的有关知识，了解商品宣传卡与目录册的有关内容。

一、企业广告规范

由于时代的发展，信息传播媒介越来越多，传播范围更加广阔，信息量大，传播频率高，促使广告的传播

效应日益突出，即便偏远的山村看不到报纸、杂志，也能通过适当的渠道获得最新的商品信息。企业的理念、实力、产品质量保证等有关塑造企业形象的各种内容，都可通过多种广告媒体进行传播。广告是信息量最大、传播形式最多的传播方法。在广告宣传战略上应重视制定整体、长期的计划，根据宣传的需要，进行多种媒体的组合运用，形成强烈的广告冲击力，最终达到在消费大众中提升企业形象、最大限度地推销商品的目的。正是由于媒介众多，在广告设计中更要注意 VI 系统的设计。

企业广告的规范包括以下内容：

①企业广告宣传规范；

②电视广告标志定格；

③报纸广告系列版式规范 (整版、半版、通栏)；

④杂志广告规范；

⑤海报版式规范；

⑥系列主题海报；

⑦大型路牌版式规范；

⑧灯箱广告规范；

⑨公交车体广告规范；

⑩ T 恤衫广告；

⑪横竖条幅广告规范；

⑫大型氢气球广告规范；

⑬霓虹灯标志表现效果；

⑭直邮 DM 宣传页版式；

⑮广告促销用纸杯；

⑯直邮宣传三折页版式规范；

⑰年度报告书封面版式规范；

⑱企业宣传册封面及封面版式规范；

⑲宣传单座架；

⑳产品单页说明书规范；

㉑对折页宣传卡规范；

㉒网络主页版式规范；

㉓手机短信广告；

㉔分类网页版式规范；

㉕光盘封面规范；

㉖擎天柱灯箱广告规范；

㉗墙体广告；

㉘楼顶灯箱广告规范；

㉙户外标识夜间效果；

㉚展板陈列规范；

㉛立地式 POP 规范；

㉜悬挂式 POP 规范；

㉝产品技术资料说明版式规范；

㉞产品说明书；

㉟路牌广告版式；

㊱户外广告牌（路牌、布幅）设计方案；

㊲户外灯箱设计（车站灯箱）；

㊳户外灯箱设计（路边广告）；

㊴开业或活动设计方案；

㊵来宾证、通行证设计方案；

㊶报刊广告标版格式；

㊷杂志广告标版格式；

㊸电视广告标版格式；

㊹人事广告标版格式；

㊺品牌简介标版格式；

㊻霓虹灯广告设计；

㊼太阳伞及帐篷设计。

二、商品宣传卡与目录册

（一）宣传卡与目录册的意义和作用

宣传卡与目录册是各种类型的商店、宾馆、展览馆、游乐场及其他大型商业活动单位、场所向顾客（包括一部分潜在顾客）赠送的一种宣传品。它以宣传商店和商品、促进交易为目的。通过各种各样的产品样本、宣传卡、目录册，不仅介绍了商店、商品，而且对企业产品的质量、性能、价格、服务等做出全方位的说明，可以在消费者心中留下长期的印象，提高企业的信誉，从而扩大影响。目前，在各种超级市场大量发展的时候，这种宣传品尤其必不可少，它代替了服务员、售货员，成为沟通商店与消费者关系的桥梁。从宣传的作用来说，一件商品宣传卡或目录册，便是一幅袖珍广告，它与广告的尺寸虽然差别很大，但作用与功能是一样的，都是为了宣传商品，促进销售。它是 VI 整体计划中重要的一环，在某种意义上说，宣传卡和目录册有着其他媒介不能替代的作用与功效。

（1）对商品的介绍比广告画面更为详尽、周到。

（2）直接为消费者所占有，便于长时间保留在消费者手中。

（3）由商店或企业发放，与销售保持同步，具有更直接的促销作用。

因而，现代国内外大型商场都十分重视商品宣传卡和目录册的设计。商场除每天在营业柜台前向消费者发放一定数量的此类宣传品之外，还要通过邮寄、送货附赠、委托代赠（如委托饭店、宾馆、车站售票处代赠）等方式，尽量普及，以达到最好的宣传效果。

（二）宣传卡的类型

（1）"现在式"宣传卡倾向于立刻收到宣传效果，促使消费者迅速产生购买欲望。为此，在设计上往往

必须设计动人的画面、醒目的标题、生动有趣的宣传文字，引起消费者的兴趣，产生马上就要购买的欲望。这类宣传卡往往在营业厅或商店门口随时发放。

（2）"将来式"宣传卡的目的在于给消费者留下深刻的印象，对宣传的商品产生好感，让消费者记住商品的商标、生产厂家，以便在以后的消费活动中唤起记忆，诱导消费者购买商品。这类宣传卡不一定在购货现场赠送，可以通过邮寄、代赠到达消费者手中。

（3）"理智式"宣传卡要求通过对消费者的心理状态、消费动机进行深入研究，刊登帮助消费者选择商品的知识性文章，提高消费者对商品的理性认识，最终达到正确引导消费的目的。这类宣传卡可以采取诸如"消费者之友""购货指南"等知识性小册子或刊物的形式出现，十分受欢迎。

（4）"提示式"宣传卡的目的在于提醒消费者不要忘记此类商品的存在，以简单的卡片形式，一句话或者一个商标反复出现，在一个综合性商业大厦里，不论走到营业间、休息室，还是游艺室、茶室，都有这类卡片发放，使消费者产生一种不得不买的迫切感，从而起到宣传的作用。

（三）宣传卡与目录册设计应遵循的原则

（1）表现特点：设计能够引起消费者注意的宣传卡或目录册，必须在画面设计、色彩和构图的处理上具有鲜明的特点，出奇制胜。

（2）激发欲望：设计中应注意发挥商品的优势和长处，根据消费者心理，不回避商品的短处，使消费者产生信赖感，引发购买欲望。

（3）长期记忆：设计中应注意使消费者尽可能迅速而长久地记住宣传卡或目录册所介绍的信息，这就要求设计内容简明清晰，容易记忆。

（4）设计要求：设计商品宣传卡与目录册时一般应做到具有新鲜感、珍贵感、亲切感、明快感、信任感和优美感。

①新鲜感：设计要不落俗套，新颖大方；要根据企业特点，设计独特的开本、字体、色调、标志、画面，在众多的宣传品中脱颖而出。

②珍贵感：设计、印刷、装帧这类宣传品时，要尽量做到华丽、漂亮，使消费者爱不释手，乐意观赏和长期保存。

③亲切感：使消费者认为此类宣传品确实是为他们设计的，产生一种亲切感。

④明快感：此类宣传品篇幅有限，不可长篇大论，应简明扼要，以突出商品为目的。

⑤信任感：通过宣传品的发放，使消费者更多地了解企业、了解商品，增强对企业和商品的信赖，宣传品中一般都附有地址、电话或交通图。

⑥优美感：要把此类宣传品当作艺术品来设计，使消费者从宣传品中得到美的享受。

当今世界上许多国家和地区都已采取自动售货方式，在这类商店里，消费者可自由挑选商品。这种售货方式，不但对商品的包装装潢、包装结构、包装材料等提出了一系列的要求，而且对商店的陈列环境和服务方式提出了新的要求。在这种情况下，宣传品实际上取代了售货员的任务，成为消费者的向导和顾问。因此，要根据商店的售货方式和特点来设计宣传品，开本的设计要适应消费者的要求，如为旅游者设计的饭店的宣传卡，开本应如同旅游手册一般，可以随身携带；某些宣传品需要邮寄，开本设计要符合邮寄要求。在内容和开本确定之后，构图的安排和色彩的处理便是宣传品设计成败的关键。国内外大量的宣传品，五彩缤纷、形式多样，但万变不离其宗，构图形式的基本原则离不开变化与统一、均衡、比例、韵律等法则。

　　广告宣传形式多样，在这里不一一列举。其基本的设计原则与宣传卡和目录册的设计大致相同。设计师应通过对宣传卡与目录册的学习，实现举一反三，能够根据传播媒介的特点设计出适合的广告宣传形式。

　　企业广告设计如图3-29至图3-37所示。

图3-29　企业广告设计（一）

图3-30　企业广告设计（二）

续图 3-30

图 3-31　企业广告设计（三）

续图 3-31

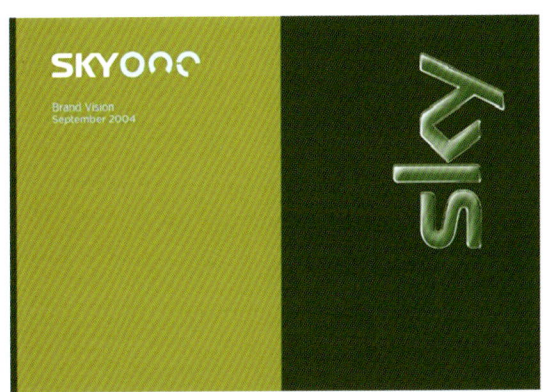

图 3-32　企业广告设计（四）

图 3-33　企业广告设计（五）

69

图 3-34　企业广告设计（六）

图 3-35　企业广告设计（七）

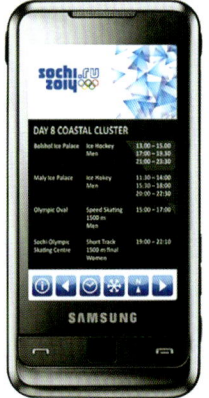

图 3-36　企业广告设计（八）

图 3-37　企业广告设计（九）

续图 3-37

任务十一　员工服装、服饰设计

■ 任务概述

本任务主要对员工服装、服饰设计的基本知识进行讲解。整齐规范的服装、服饰是企业视觉系统的重要组成部分，对外展现企业员工的精神风貌与文化素质；对内是企业组织性、纪律性和一致性的保证。就员工个体而言，规范的服装、服饰是对其行为的一种有形约束，可使其自觉维护企业形象。对员工服装、服饰进行有效的视觉形象规范，有利于企业形象的传播。

收集国际大师的作品或成熟的设计作品，学习和体验设计师的工作，了解设计过程和方法，具体可根据实际专业情况有所侧重。

形式：采用小组合作的形式进行设计。

要求：服装、服饰规范是企业视觉形象系统的重要组成部分，体现了企业严谨、规范、科学的管理，对此进行有效的视觉形象规范，有利于企业形象的传播。在设计的时候要注意整个 VI 应用系统的可操作性、连贯性，选择有代表性的成功案例在全班分小组交流讨论。

考核：教师评价（占总成绩的 50%）；

　　　　学生自我评价与同学评价（占总成绩的 20%）；

　　　　平时表现（占总成绩的 20%）；

　　　　投稿、企业评定、大赛评定、作品展示（占总成绩的 10%）。

■ 能力目标

应用系统是基础系统的扩展与延伸，也是 CI 设计的载体与媒介。基础系统应协调、系统地在企业内外载体上得到应用，以达到企业形象识别一体化的目的。

■ 知识目标

使学生掌握员工服装、服饰设计的项目分类，每个项目设计的要求、材质、工艺等。有些项目应满足一定的行业标准，要认真研究和执行，考虑经济因素与材料工艺等，在可行的范围内进行设计开发。

■ 素质目标

使学生具备良好的自学能力、设计能力、合作与沟通能力。

■ 知识向导

在 CI 活动中，员工服装、服饰的作用是不可忽视的，员工服装、服饰在内部有一种激发员工参与 CI 活动的意识，对外是树立企业形象的重要工具，这是企业员工服装、服饰的作用和效果所在。企业员工服装、服饰作为设计系统开发时，首先要整理其开发的对象，然后收集设计依据，设计时要充分考虑实用功能与形象宣传两个重要方面，具体内容包括事务用、接待用、工作用等服装种类及帽子、臂章、徽章等。

一、形象依据

员工服装、服饰的形象依据有如下几点。

（1）反映职业种类、职业特点。

（2）使企业更具识别性和优越性。

（3）能跨越员工的年龄层。

（4）富有时代气息。

（5）与环境相吻合。

（6）与企业形象相协调。

二、机能依据

员工服装、服饰的机能依据有如下几点。

（1）便于活动，穿着舒适。

（2）安全、卫生、健康。

（3）没有材料、缝制等方面的问题。

（4）清洗简单、方便。

（5）经济实惠。

员工服装、服饰的开发设计，目前已有专门的服装设计师或专门的公司共同开发。在这种情况下，CI设计师应准确地传达出设计概念和设计依据，将企业员工服装、服饰的设计纳入整体的设计系统中。

人的因素是员工服装、服饰开发设计的首要因素，不同的工作性质，不同的工作岗位，应有所区别。尤其是商业或服务性企业，工作岗位更是多种多样。以宾馆、酒店的员工岗位为例，有接待生、总台服务员、客房服务员、餐厅服务员；餐厅又分中餐、西餐、自助餐及咖啡厅等，每个部门又有一般员工和领班之分，所以人的因素是开发设计的首要因素。除岗位、职务因素外，还涉及性别因素、季节因素等。色彩也是企业员工服装、服饰设计开发的重要因素，与造型和面料一样，色彩具有一定的象征性，所以在设计色彩时不仅要区别不同岗位的特点，而且要统一在企业视觉传播这样一个大的前提之下。企业员工服装、服饰的设计开发是整体VI应用系统的一部分，应遵循以下几个原则。

（1）识别性原则：员工服装、服饰的特色和个性要具有企业的风格和特点，要有明显区别于其他企业的识别性。力求通过造型、质地、面料、色彩和配件等的设计创造出鲜明的个性。

（2）适用性原则：企业员工服装、服饰，首先是满足工作和生产的需要，其次才是传达的需要。员工在各自岗位上工作、生产，其环境不同，劳动作业对服装也有不同的要求，违背功能要求的设计，会给员工和企业带来不便。因此，适用性是员工服装、服饰设计的基本原则。

（3）视觉统一原则：员工服装、服饰是企业对内、对外传达信息的媒介，员工服装、服饰的基本设计要素与企业的基本视觉要素取得多样的统一，将企业的总体个性、风格，通过标识、象征图形或造型要素及企业标准色等体现在员工服装、服饰上，将企业的视觉要素融合进去。

员工服装、服饰设计如图3-38至图3-43所示。

图 3-38　员工服装、服饰设计（一）

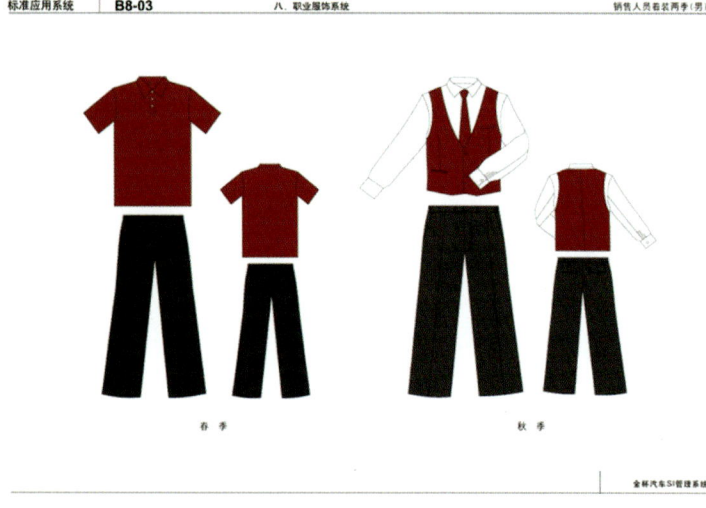

图 3-39　员工服装、服饰设计（二）

图 3-40　员工服装、服饰设计（三）

图 3-41　员工服装、服饰设计（四）　　　　　图 3-42　员工服装、服饰设计（五）

图 3-43　员工服装、服饰设计（六）

任务十二　交通运输工具系统设计

任务概述

本任务主要对交通运输工具系统设计的基本知识进行讲解。交通运输工具是一种流动的宣传工具，对企业形象的体现和公众印象的加深有很大的影响，对企业内部和外部都能产生重要的心理效应。

收集国际大师的作品或成熟的设计作品，学习和体验设计师的工作，了解设计过程和方法，具体可根据实际专业情况有所侧重。

形式：采用小组合作的形式进行设计。

要求：首先要明确，交通运输工具的设计开发不是变更车辆的造型和尺寸大小，而是根据不同的车型进行合理的设计。在设计的时候要注意整个 VI 应用系统的可操作性、连贯性，选择具有代表性的成功案例在全班分小组交流讨论。

考核：教师评价（占总成绩的 50%）；

学生自我评价与同学评价（占总成绩的 20%）；

平时表现（占总成绩的 20%）；

投稿、企业评定、大赛评定、作品展示（占总成绩的 10%）。

能力目标

应用系统是基础系统的扩展与延伸，也是 CI 设计的载体与媒介。基础系统应协调、系统地在企业内外载体上得到应用，以达到企业形象识别一体化的目的。

知识目标

使学生掌握交通运输工具系统的项目分类，每个项目设计的要求、材质、工艺等。有些项目应满足一定的

行业标准，要认真研究和执行，在规定的范围内进行设计开发。

素质目标

使学生具备良好的自学能力、设计能力、合作与沟通能力。

知识向导

交通运输工具是流动的广告载体，对企业形象的塑造有极大影响。

交通运输工具，除有运输货物和人的基本功能之外，还可作为沟通工具，且沟通效果非常好。对内，能提升企业形象；对外，是流动的企业形象。这就是交通运输工具系统设计开发的重要性。

交通运输工具的种类有很多，包括车辆、船舶、飞机等，其中作为重要设计项目来考虑的车，有营业用车、运输用车辆、作业用车等。

交通运输工具的设计，范围广泛，在此着重指出的是，设计开发并不是变更车辆的造型和大小尺寸，而是在车体表面进行图像文字处理。

一、视认性的设计开发

交通运输工具的设计与其他应用项目不同，其特性在于"运动"。因此，要追求更强的视认性和识别性。为此，在设计开发时，要整理表现要素及其优先顺序。

二、作为系统设计开发

交通运输工具的设计，必须能维持设计系统的统一形象。统一性是至关重要的，各类交通运输工具在进行视觉设计时应力求总体风格一致，统一的风格涉及基本要素的选择、安排、构图，涉及字体、标志、象征图形、大小、色彩、形式等诸多因素，既要具有视觉上的冲击力，又要与企业的风格相统一，还要 注意不同的交通运输工具在视觉设计风格上的个性与共性。

三、车体设计的表现技法

结合车辆的具体形状和规格进行设计，如剪贴文字、图形及标志，不干胶贴、丝网印刷、涂料喷绘等。因为企业所拥有车辆的种类、数量不同，再现的技法和材料也不同，具体要在企业整体形象的统一之下进行选择和再现。

交通运输工具系统设计如图3-44至图3-50所示。

图3-44　交通运输工具系统设计（一）

图3-45　交通运输工具系统设计（二）

图 3-46　交通运输工具系统设计（三）

图 3-47　交通运输工具系统设计（四）

续图 3-47

图 3-48　交通运输工具系统设计（五）

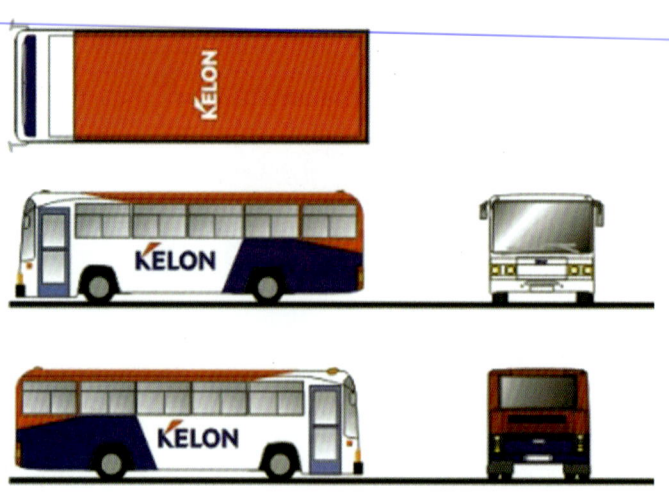

图 3-49　交通运输工具系统设计（六）　　　图 3-50　交通运输工具系统设计（七）

任务十三　商品包装识别系统设计

任务概述

本任务主要对商品包装识别系统设计的基本知识进行讲解。它是作为传达企业、产品信息的又一重要媒介，在考虑包装对商品的保护作用的同时，应提升企业形象。成功的包装能为企业树立起良好的信誉和品牌观念。

收集国际大师的作品或成熟的设计作品，学习和体验设计师的工作，了解设计过程和方法，具体可根据实际专业情况有所侧重。

形式：采用小组合作的形式进行设计。

要求：商品包装识别系统设计主要运用企业的标准色为主色，并充分考虑制作材质、工艺方法、外观效果、成本及实施费用等问题，保证设计的一致性与整体性。在设计的时候要注意整个VI应用系统的可操作性、连贯性，选择具有代表性的成功案例在全班分小组交流讨论。

考核：教师评价（占总成绩的50%）；

　　　　学生自我评价与同学评价（占总成绩的20%）；

　　　　平时表现（占总成绩的20%）；

　　　　投稿、企业评定、大赛评定、作品展示（占总成绩的10%）。

能力目标

应用系统是基础系统的扩展与延伸，也是CI设计的载体与媒介。基础系统应协调、系统地在企业内外载体上得到应用，以达到企业形象识别一体化的目的。

知识目标

使学生掌握商品包装识别系统的项目分类，每个项目设计的要求、材质、工艺等。某些项目应满足相应行业标准，要认真研究和执行，在规定的范围内进行设计开发。

素质目标

使学生具备良好的自学能力、设计能力、合作与沟通能力。

知识向导

包装是为了在流通中保护商品、方便运输、促进销售，是按一定的技术方法采用的容器、材料及辅助品等的总称。现代商品包装的设计开发要考虑四种功能：保护功能、便利功能、商业功能和心理功能。

一、购物袋

购物袋是提供给消费者用来装所购物品的。由于它是宣传企业形象的媒介之一，在设计时必须突出它的宣传作用。购物袋上常印有企业的基本信息资料，一般包括企业名称、标志、标准字体、标准色、地址、电话、传真、网址等或加配企业建筑的图案形象、吉祥物图形等。在设计中力求突出企业形象，做到美观、醒目。购物袋能吸引周围公众的视线，故能在潜移默化间传播企业的名称、标志、品牌等。

二、包装纸

包装纸是应用于产品的简易包装。包装纸的信息传递功能是通过纸张上的印刷信息实现的，其中包括店名、商标和广告文案等信息要素，它可以作为宣传企业形象的广告媒介。随着纸张质量和印刷技术的进步，设计表现的空间更为广阔，但必须在 VI 的整体计划下进行再创造，形成统一规范的体系。包装纸一般单色印刷较多，也有图案精美、多色胶印的礼品包装纸。包装纸上的文字和图形放置的位置，要考虑在包装商品之后能显露出来为宜。

三、商品包装

商品包装即销售包装。现代包装具有不少功能，尤其是随着时代的发展，包装被赋予的功能不断增加，但有两点是最基本的：一是包装上所承载的信息，包括文字、色彩、图形等内容；二是对商品的形态和性质起保护作用。这两种基本功能构成了狭义上的包装概念。

商品包装识别系统的详细分类如下：

①大件商品运输包装；

②外包装箱；

③配件包装纸箱；

④商品系列包装；

⑤礼品盒包装；

⑥包装纸；

⑦合格证；

⑧产品标识卡；

⑨存放卡；

⑩保修卡；

⑪质量通知书版式规范；

⑫说明书版式规范；

⑬封箱胶；

⑭手提袋（纸袋，附尺寸图及材料标示）；

⑮产品吊牌（附尺寸图及材料标示）；

⑯主牌（商标牌）；

⑰标签说明合格证；

⑱企业资料。

因企业性质不同，应用设计系统的具体项目会有所区别，如服装企业的商品包装识别项目中会有衣服纽扣、拉链、吊件、标志章、防尘袋、外包装箱、尺码说明、物品存放袋等。应特别重视各项目在实际应用时的组合效果，并充分考虑制作材质、工艺方法、外观效果、实施费用等问题，保证设计的一致性与整体性。

对应用项目的执行应根据企业的实际情况进行增减，以符合企业现状及未来发展的需要。应用部分在使用一段时间后，根据企业实际情况和市场反馈信息进行适时的调整，对企业发展过程中需要变更的项目进行查漏补缺，此部分维护时需要对原有的 VI 设计有较深的了解后方可实施。企业性质不同、新技术的发展差异等使应用项目有新的发展，具体应遵循以下设计原则。

（1）符合整体视觉设计的原则，满足系统性、完整性的要求。

（2）应遵循新项目自身的行业要求。

（3）经济性原则。在设计新项目时，应考虑经济性，实现绿色设计。

商品包装识别系统设计如图 3-51 至图 3-66 所示。

图 3-51　商品包装识别系统设计（一）

图 3-52　商品包装识别系统设计（二）

图 3-53　商品包装识别系统设计（三）

图 3-54　商品包装识别系统设计（四）

图 3-55　商品包装识别系统设计（五）

图 3-56　商品包装识别系统设计（六）

图 3-58　商品包装识别系统设计（八）

图 3-57　商品包装识别系统设计（七）

图 3-59　商品包装识别系统设计（九）

图 3-60　商品包装识别系统设计（十）

图 3-61　商品包装识别系统设计（十一）

图 3-62　商品包装识别系统设计（十二）

图 3-63　商品包装识别系统设计（十三）

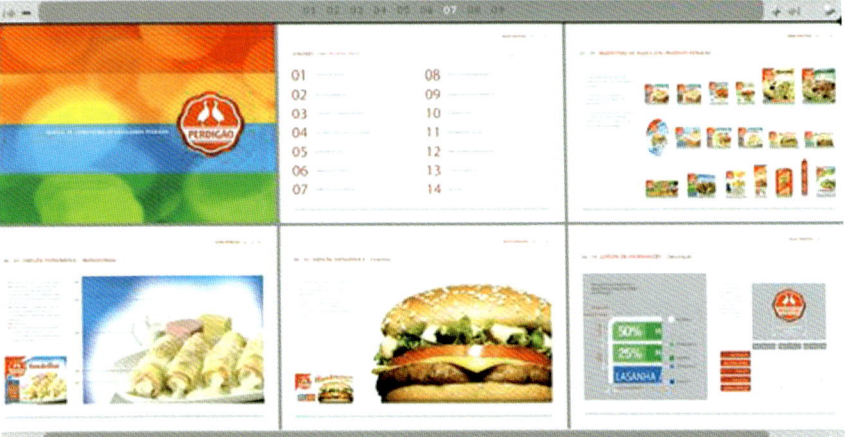

图 3-64　商品包装识别系统设计（十四）　　　　　图 3-65　商品包装识别系统设计（十五）

图 3-66　商品包装识别系统设计（十六）

CI SHEJI

项目四

CI 手册制定设计

任务十四　CI 手册制定设计

任务概述

本任务主要对 CI 手册制定的目的、作用、原则等进行讲解。通过学习让学生进行编辑设计、材料印刷、装订成册，形成 CI 手册。CI 手册制定设计有视觉化、系统化、结构化和规范化的统一标准，应实现设计、制作风格的统一，为企业 CI 战略的贯彻与执行提供权威的操作标准与技术标准，成为企业实施 CI 战略的衡量标准与应用准则。企业视觉形象识别系统全部项目内容设计完成后，应编制系统、规范的 CI 手册。

收集国际大师的作品或成熟的设计作品，学习和体验设计师的工作，了解设计过程和方法，具体可根据实际专业情况有所侧重。

形式：采用小组合作的形式进行设计。

要求：CI 手册的内容主要包括企业导入 CI 系统的背景和意义，CI 手册的使用规范和管理规范，CI 手册的编委会成员名单，CI 手册的内容提纲，CI 全部设计项目的内容规范。选择具有代表性的成功案例在全班分小组交流讨论。

考核：教师评价（占总成绩的 50%）；

　　　　学生自我评价与同学评价（占总成绩的 20%）；

　　　　平时表现（占总成绩的 20%）；

　　　　投稿、企业评定、大赛评定、作品展示（占总成绩的 10%）。

能力目标

使学生对企业 CI 系统的认识更完整、更规范，把握 CI 系统的视觉化、系统化、结构化和规范化，保障企业 CI 战略的贯彻与执行。

知识目标

使学生掌握 CI 手册制定设计的基本知识、程序，能进行设计实践。

素质目标

使学生具备良好的自学能力、设计能力、合作与沟通能力。

知识向导

CI 手册是一本阐述企业 CI 战略基本观点与具体作业规范的指导书，是 CI 整体内容的向导。为确保 CI 运行作业的水准，企业可以参照手册中的规则来检查自己的管理体系。CI 是整个企业的形象和经营核心，包括 BI、MI、VI。CI 作为整体传达系统（特别是视觉传达系统）将企业经营理念与精神文化传达给企业内部和社会大众，使企业内部产生一致的价值认同感和凝聚力，使社会大众更加信赖企业品牌。

在 CI 设计开发完成后，经过实践论证，把已经确立的基础要素和应用要素，依照使用功能及应用媒体的类型，制定各种运用的规范和方法及实施管理的内容，进行编辑设计，并印刷、装订成册，即成为 CI 手册。它使 CI 设计的各个方面，有视觉化、系统化、结构化和规范化的统一标准，保证设计、制作风格的统一。CI 手册中详尽周密的规范内容和使用方法，使导入实施 CI 的管理人员有了严格的指导标准。

一、手册的制定目的和作用

制定 CI 手册的目的在于统一企业的整体形象，贯彻设计表现的精神，以简明正确的图解来说明 CI 计划的意图与概念，以及整体设计的传播体系，是所有设计的最高规则。CI 系统设计开发完成后，应建立起一套规范而有效的手册，作为 CI 系统导入运作的指南，也是 CI 实施的技术保障和理论依据，它是有序工作的条理化保证。CI 手册提供了完整的企业对外形象识别系统，是实际实施时把握标准化水平的关键。所以，CI 手册的制定一定要严格谨慎、全面细致，使之成为真正有用的东西。

二、手册的制定原则和形式

制定 CI 手册时，应注意始终贯彻企业理念，视觉识别作为理念载体应充分发挥其作用。CI 手册的设计风格与企业的视觉形象特点保持一致，尤其是要通过手册的版面和编排样式将设计意图充分体现出来。在应用项目的标准制定中，应采用统一规格、统一单位，避免杂乱无序而影响工作。

各企业性质不同、规模不一，CI 的内容侧重就有所不同。因此，成册时可考虑单册或分成多册。其编辑形式可参考以下方式。

（一）基础手册独立方式

依照基础设计系统和应用设计系统的不同，分成两大单元，编成两册，以活页式装订。这种方式可以在基础设计系统完成后，先行成册。在应用设计系统的开发设计中，方便查阅，有助于应用项目导入时的使用。

（二）基础和应用设计合订方式

整理基础设计和应用设计的各种规定，合编成一本手册，以活页式装订。多数实施 CI 的中小企业，都采用此种方式，手册中通常包括各种设计要素和应用项目。

（三）应用手册的方式

根据应用项目的标准和规定，将应用手册按照类型细分为几本小册子，可区别管理种类和内容不同的应用项目，适合规模较大的公司采用。

三、手册中的设计规定

为了给 CI 的导入实施工作提供详尽的标准，在 CI 手册中，应注明各个项目的具体制作要求。例如企业标志，应制定制图标准，为放大缩小制作标志提供精确的样式。又如信纸，应提供设计要素排列标准、纸张尺寸、材料规格、印制要求等。

另外一个非常重要的规定，就是要提出不允许出现的样式。在 CI 的实际应用当中，往往会出现一些由于不理解设计初衷，而对基本要素的组合关系做出不当处理的情况。这方面就要事先明示不允许出现。

四、手册编制的内容

手册编制的内容是由总体的 CI 项目规划决定的。CI 手册的编制根据情况的不同，内容有所差异，但至少应包括：总论部分，如董事长、总经理的致辞、企业经营的理念与发展规划展望、企业价值观、企业哲学、导入 CI 的目的、CI 手册使用概论；基础要素部分，如企业标志设计、企业标准字体、企业标准色（色彩计划）、企业造型（吉祥物）、企业象征图形、企业专用印刷字体设定、基础要素组合规范、标志符号系统（企业专用形式）；基础要素组合系统；应用要素等。具体内容可以根据企业的实际需要确定。

五、手册的装帧

CI 手册编辑、设计完成后就进入了装帧阶段，包括封面设计、设计说明、目录、正页等四个部分。最后确定印制和装订方式。VI 是企业视觉识别系统，是 CI 中形象最鲜明的一部分。

CI 手册制定设计如图 4-1 至图 4-3 所示。

图 4-1　CI 手册制定设计（一）

图 4-2　CI 手册制定设计（二）

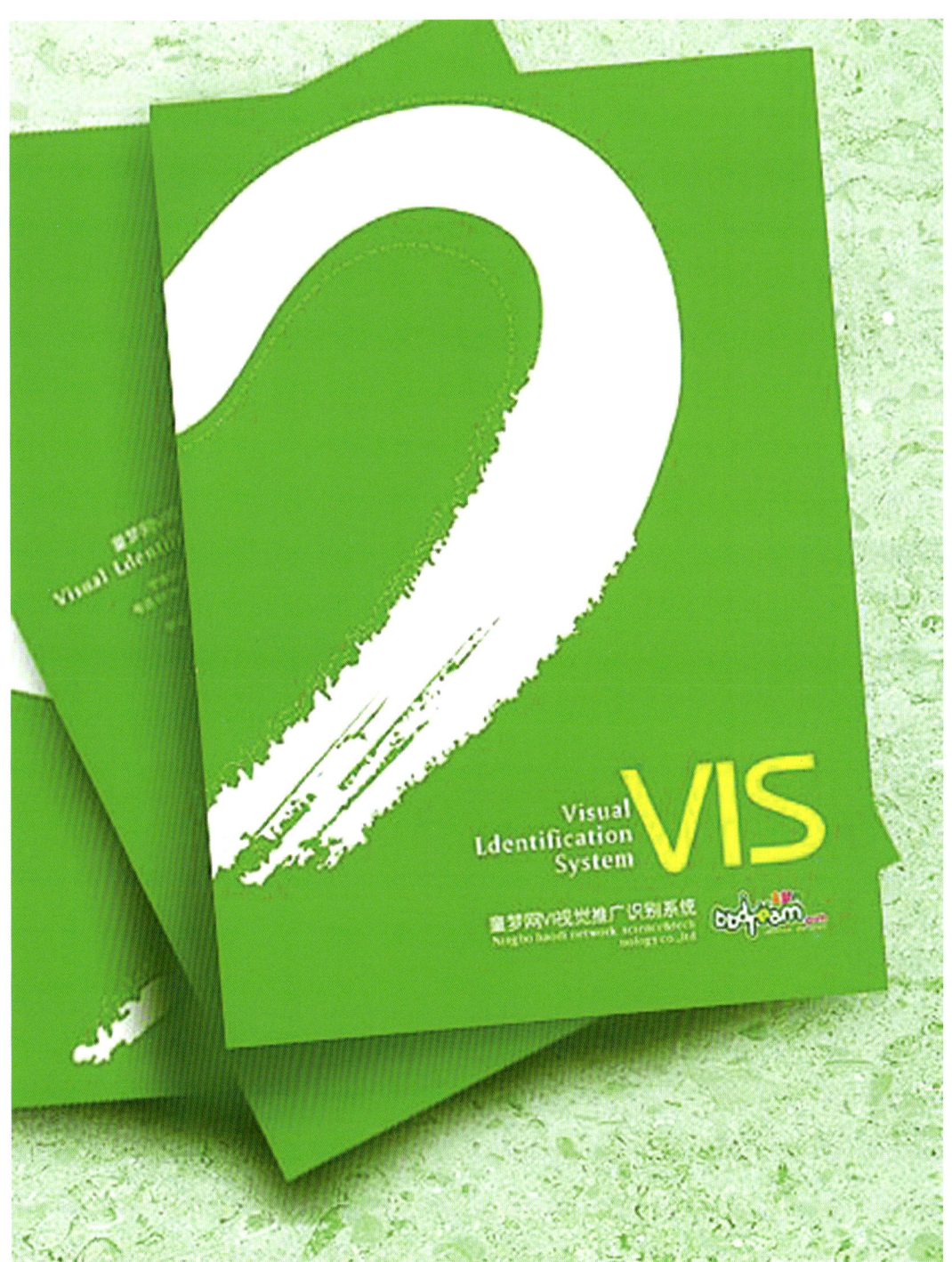

图 4-3　CI 手册制定设计（三）

六、手册管理与维护

　　CI 手册编辑完成之后，对其管理与维护也是不容忽视的问题。即使手册中明确列出的规定，也常会产生解释、判断方面的疑惑，甚至导致错误的实施方法。因此企业应设置 CI 专门部门进行管理，在使用 CI 手册过程中，针对种种事例，做出适当的判断、指导，使全公司上下正确使用 CI 手册的方法。在推进 CI 的过程中，如果手册没有列举的要素，就必须制定新的设计用法和规定，同时根据需要给予检查判断。在推进过程中，还须对手册中不合实际需要的规定进行修改、调整，这些都是管理与维护的工作。

　　CI 手册的发行由企业领导负责。手册中的规定应视作企业领导的指示、命令。违反手册中的规定，也就是违反了企业业务上的命令，应视作是对企业形象的毁损行为。CI 手册的使用者，多半是广告宣传、促销、总务、材料和营业部门的负责人和执行者，但为了在企业内部真正贯彻和执行形象标准，CI 手册发送的对象，除上述部门外，各部门负责人都应人手一册。由于手册中所规定的内容，原则上是企业的机密，因此，没有特殊原因，不应随意扩散。

CI SHEJI

项目五

CI 设计实践

任务十五　企业 CI 设计

任务概述

结合实际项目和客户需求，进行企业形象设计的实践，让学生理解和掌握企业的 CI 设计。

形式：采用小组合作的形式进行设计。

要求：收集项目资料，通过问卷等形式展开调查；展开价值提炼，进行开发设计，具体可根据实际企业情况有所侧重。

考核：教师评价（占总成绩的 70%）；

　　　　平时表现（占总成绩的 20%）；

　　　　投稿、企业评定、大赛评定、作品展示（占总成绩的 10%）。

能力目标

使学生对企业的 CI 系统有更完整、规范的掌握，把握 CI 系统设计的视觉化、系统化、结构化和规范化，保障企业 CI 战略的贯彻与执行。

知识目标

使学生掌握 CI 设计的基本知识，能进行设计实践。

素质目标

使学生具备良好的自学能力、设计能力、合作与沟通能力。

知识向导

通过具体实例来学习企业 CI 设计。

实例 1：胜业电子

胜业电子 CI 设计如图 5-1 所示。

图 5-1　胜业电子 CI 设计

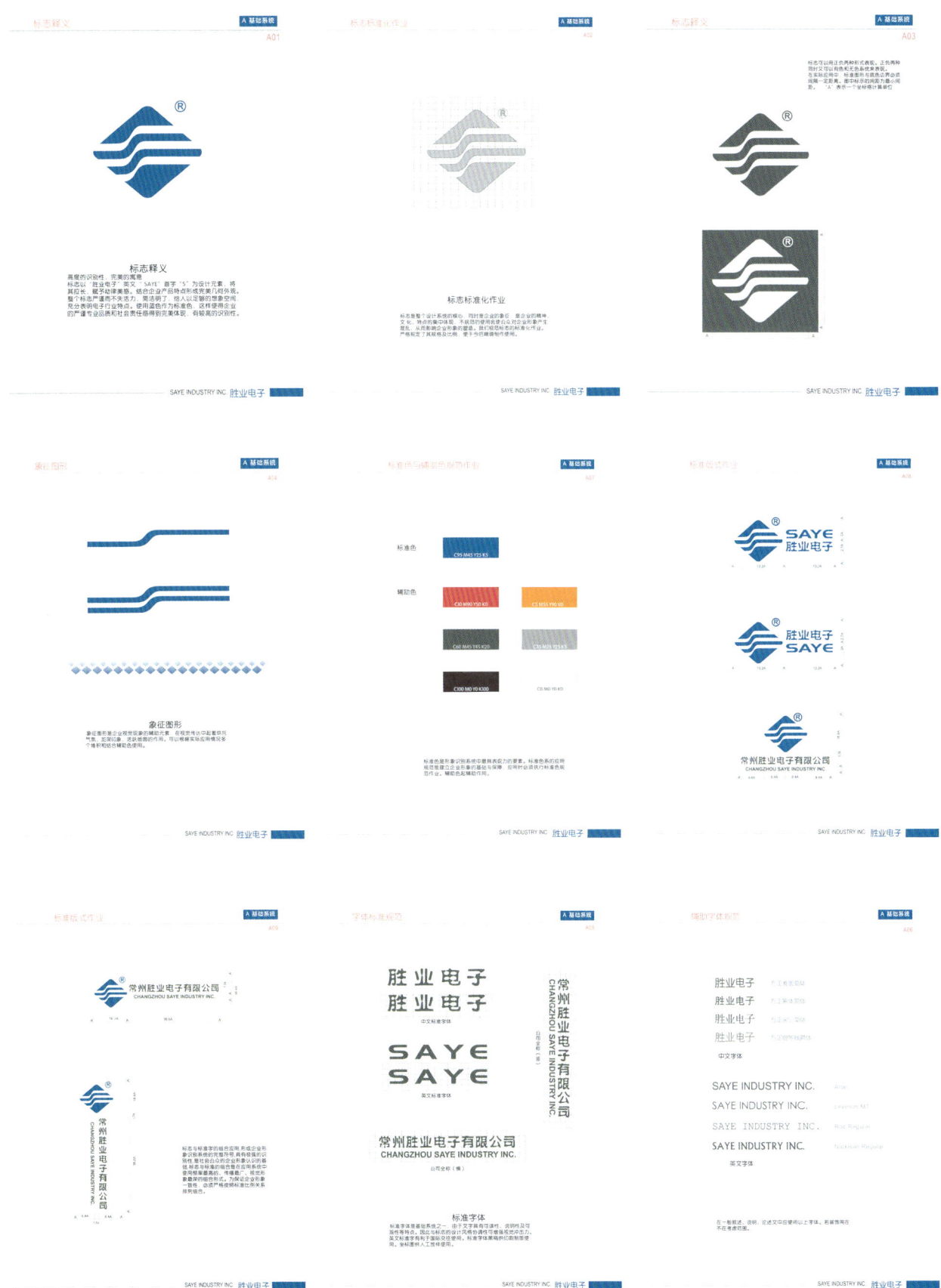

续图 5-1

标准版式举例　　A 基础系统　　A10

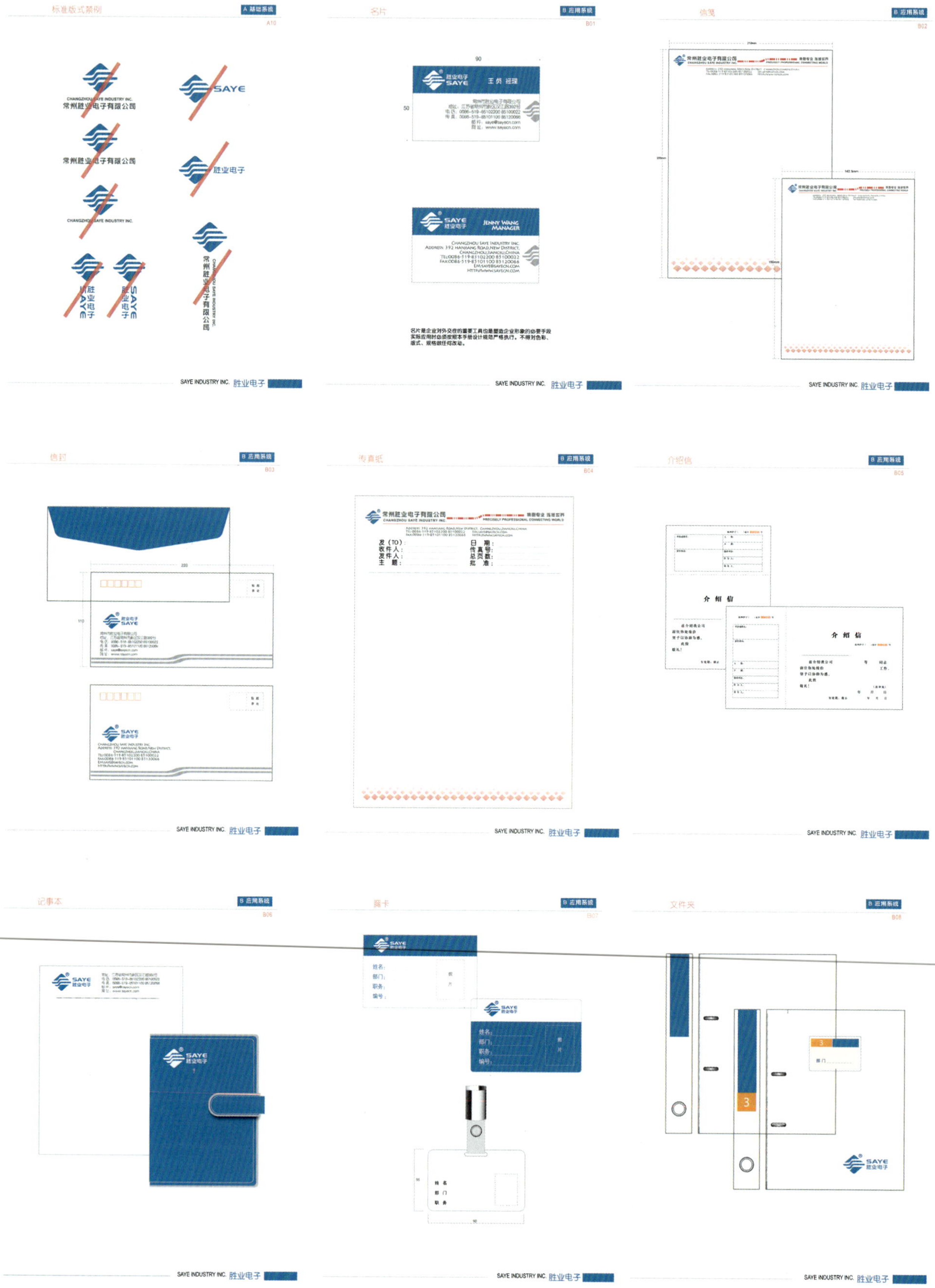

名片　　B 应用系统　　B01

信笺　　B 应用系统　　B02

SAYE INDUSTRY INC. 胜业电子

信封　　B 应用系统　　B03

传真纸　　B 应用系统　　B04

介绍信　　B 应用系统　　B05

SAYE INDUSTRY INC. 胜业电子

记事本　　B 应用系统　　B06

胸卡　　B 应用系统　　B07

文件夹　　B 应用系统　　B08

SAYE INDUSTRY INC. 胜业电子

续图 5-1

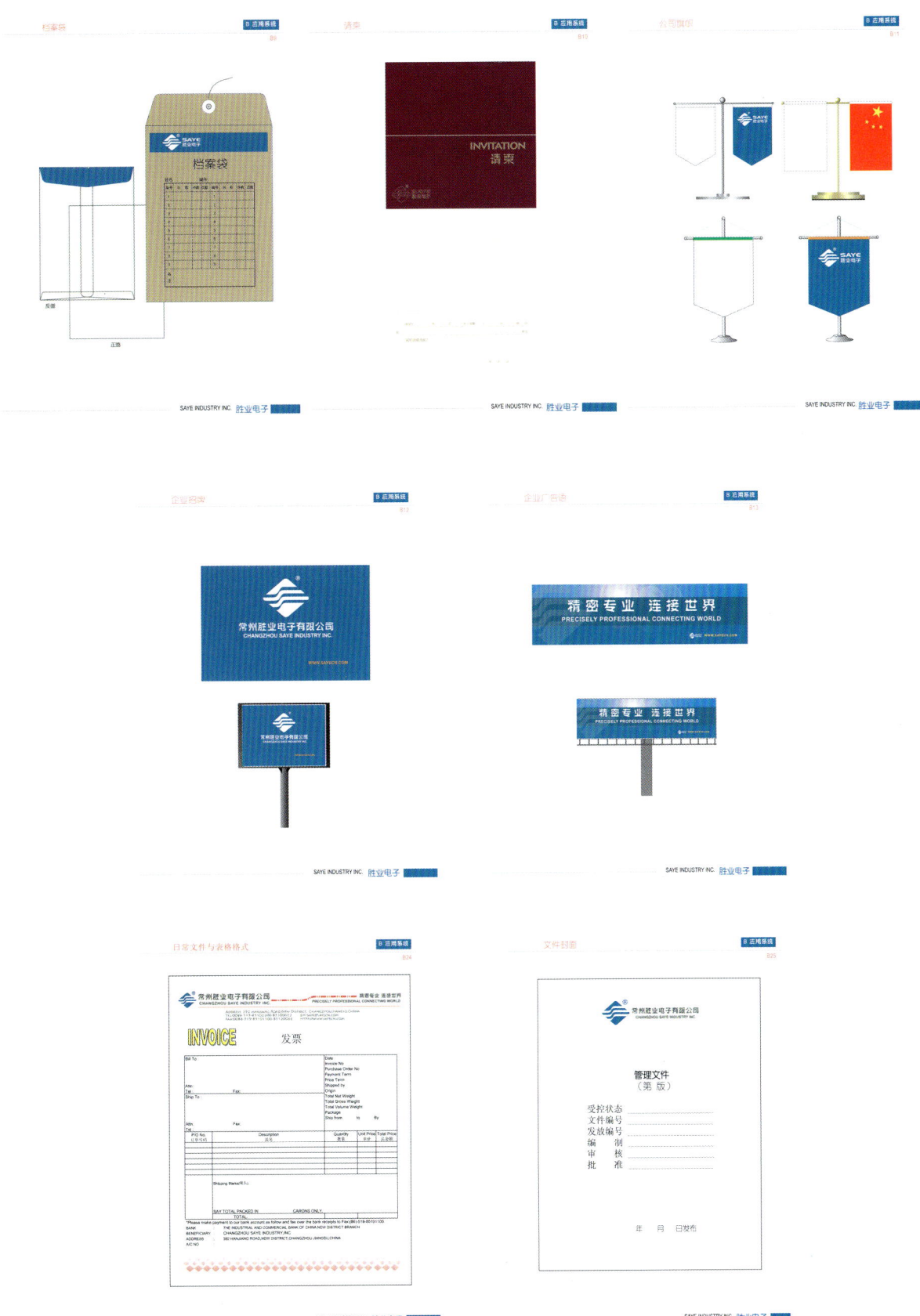

续图 5-1

实例 2：亚太百货

亚太百货 CI 设计如图 5-2 所示。

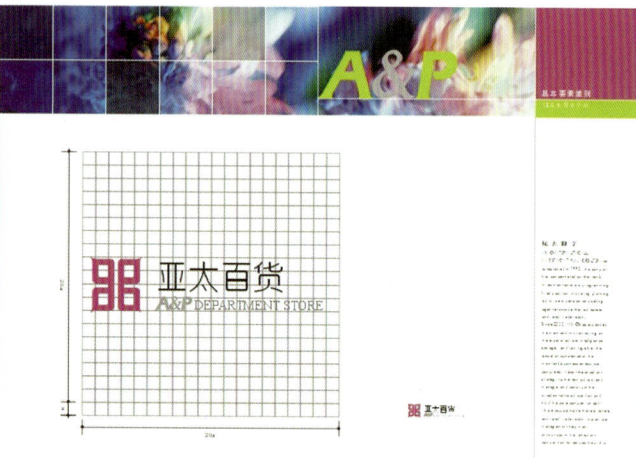

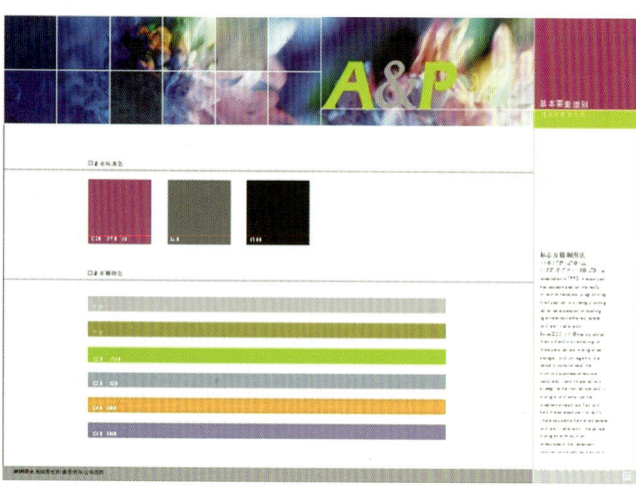

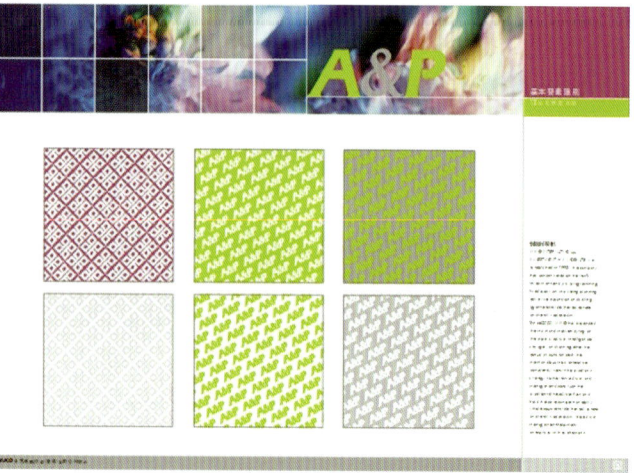

图 5-2　亚太百货 CI 设计

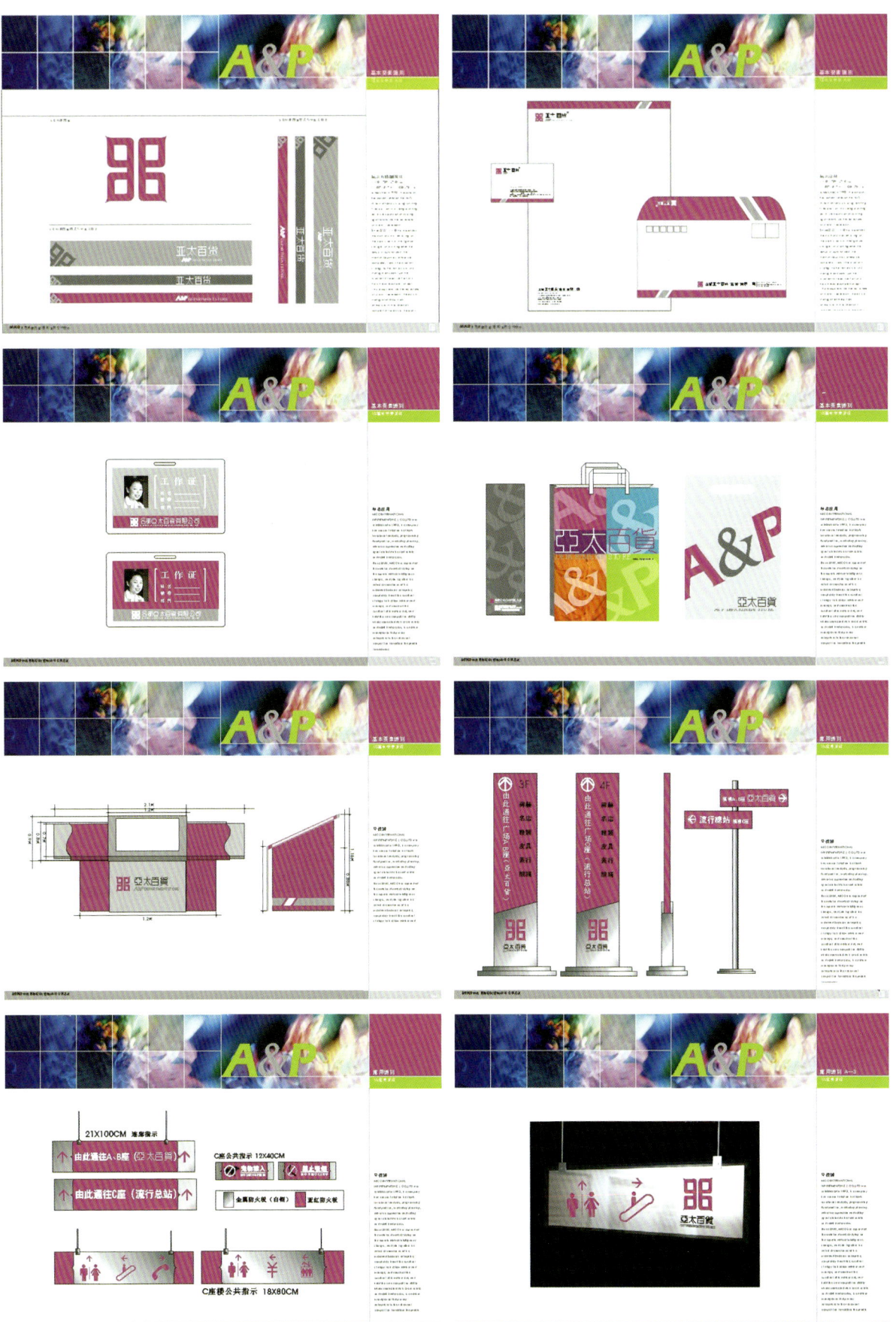

续图 5-2

实例3：格力·香樟

格力·香樟CI设计如图5-3所示。

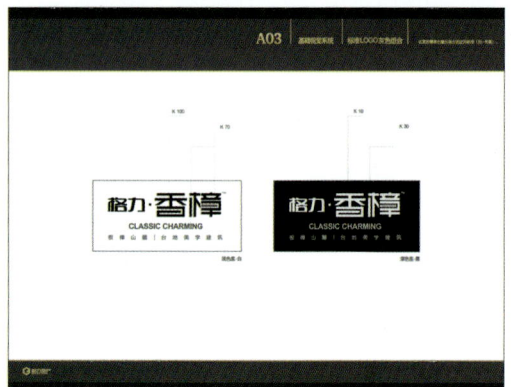

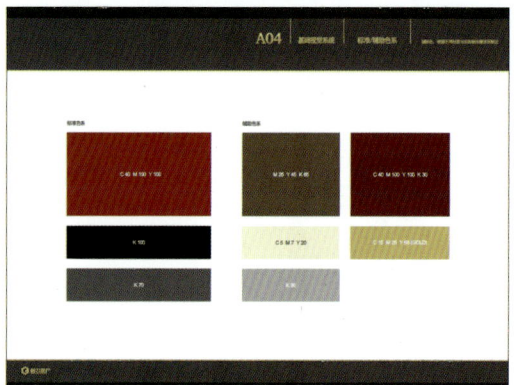

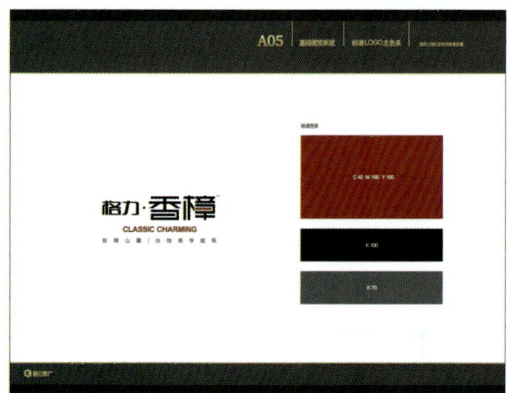

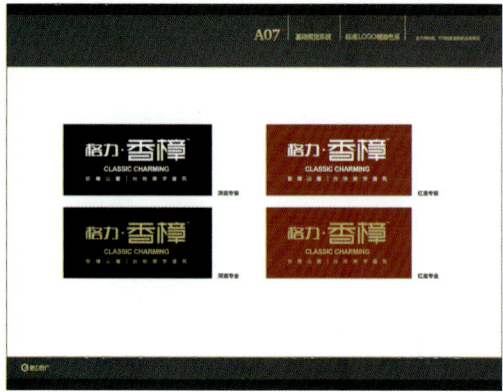

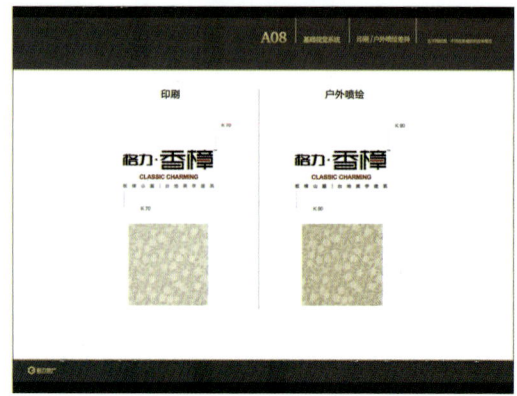

图5-3　格力·香樟CI设计

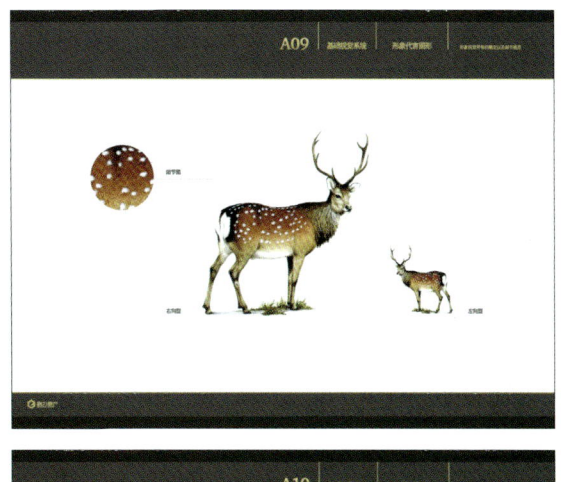

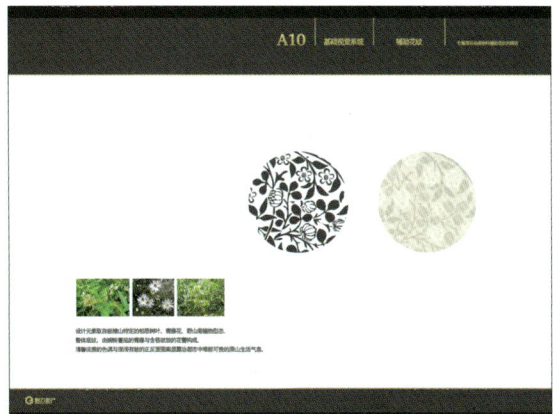

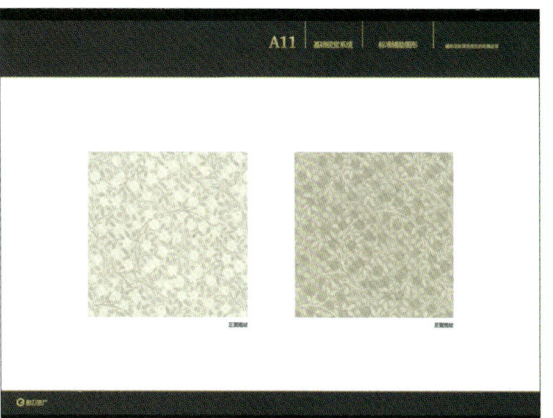

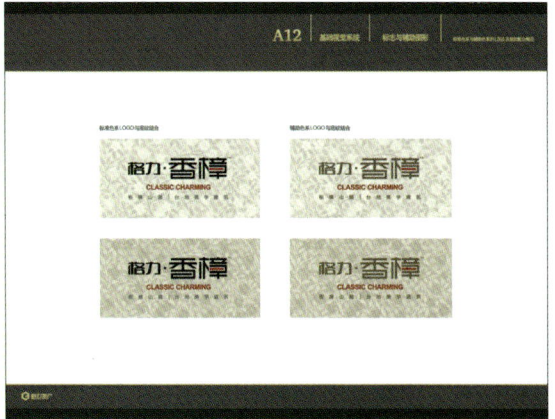

续图 5-3

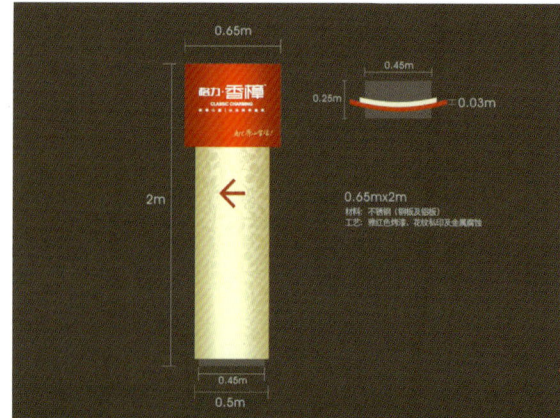

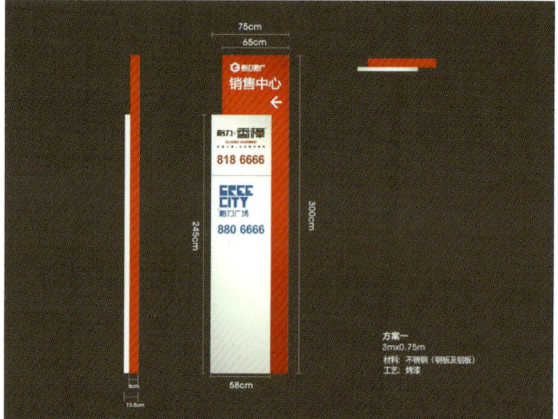

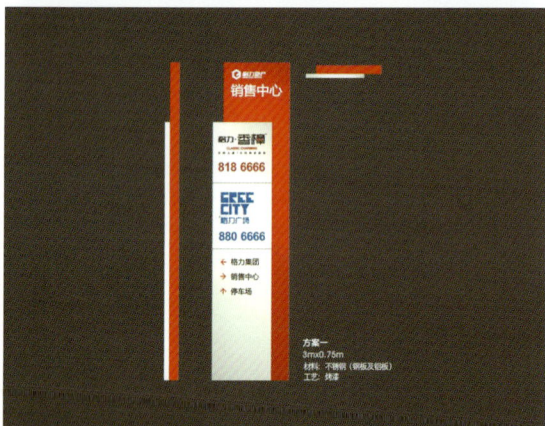

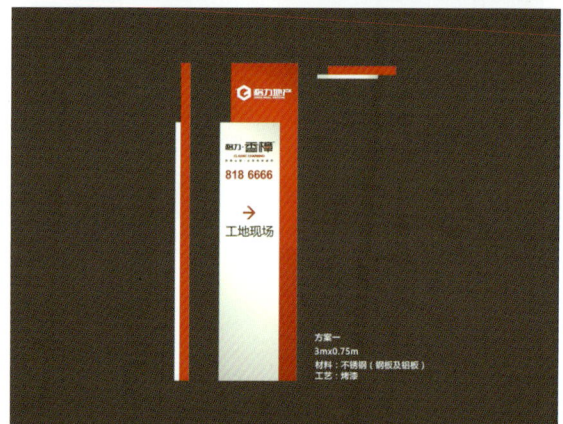

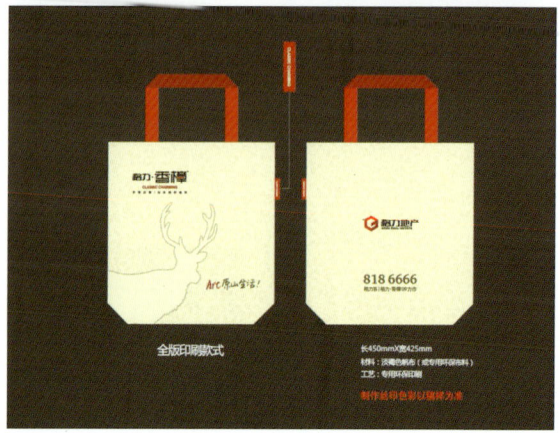

续图 5-3

A墙

B墙

C墙

工艺：写真喷绘包铝型材

续图 5-3

实例 4：嘉实多（中国）

嘉实多（中国）CI 设计如图 5-4 所示。

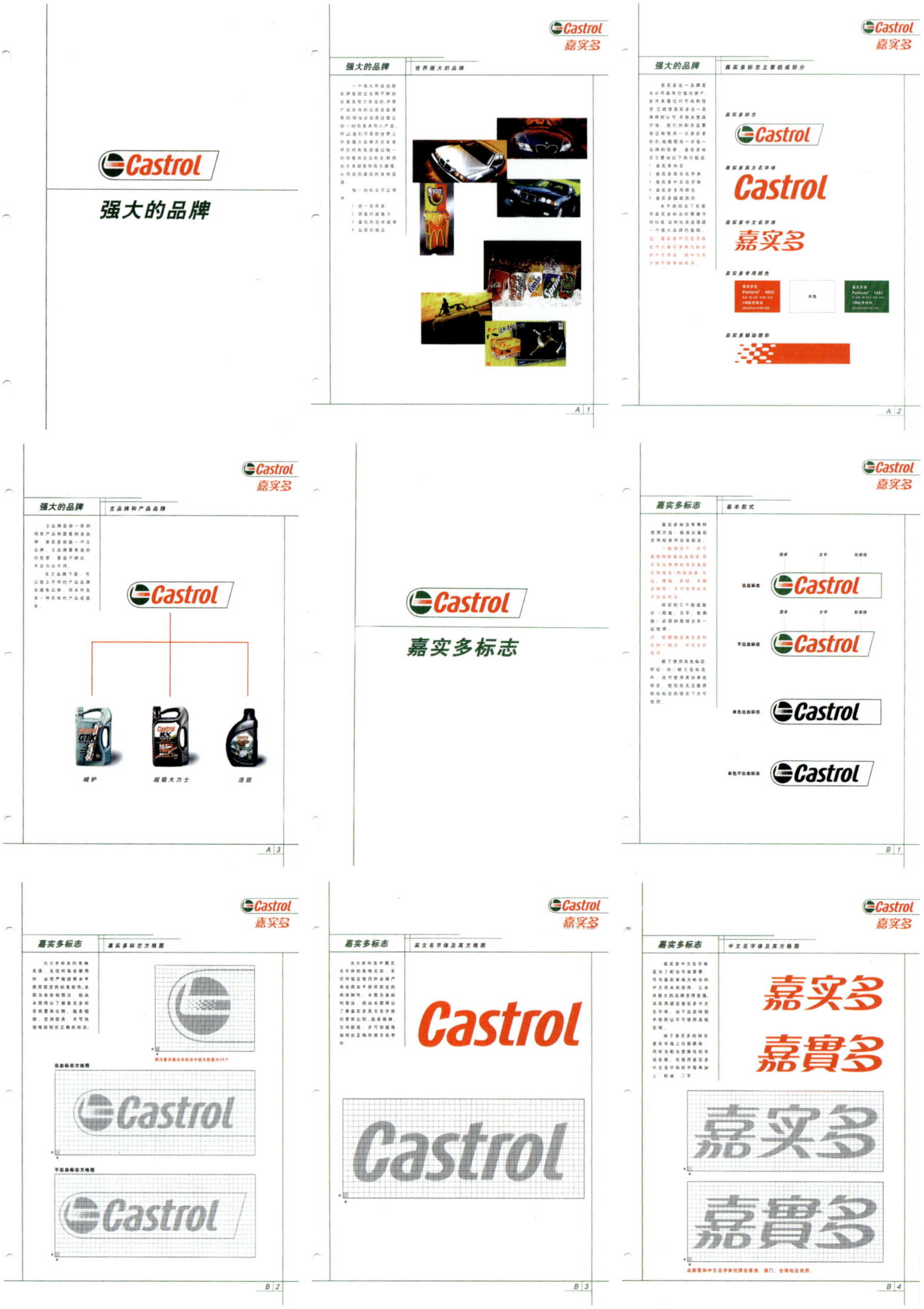

图 5-4　嘉实多（中国）CI 设计

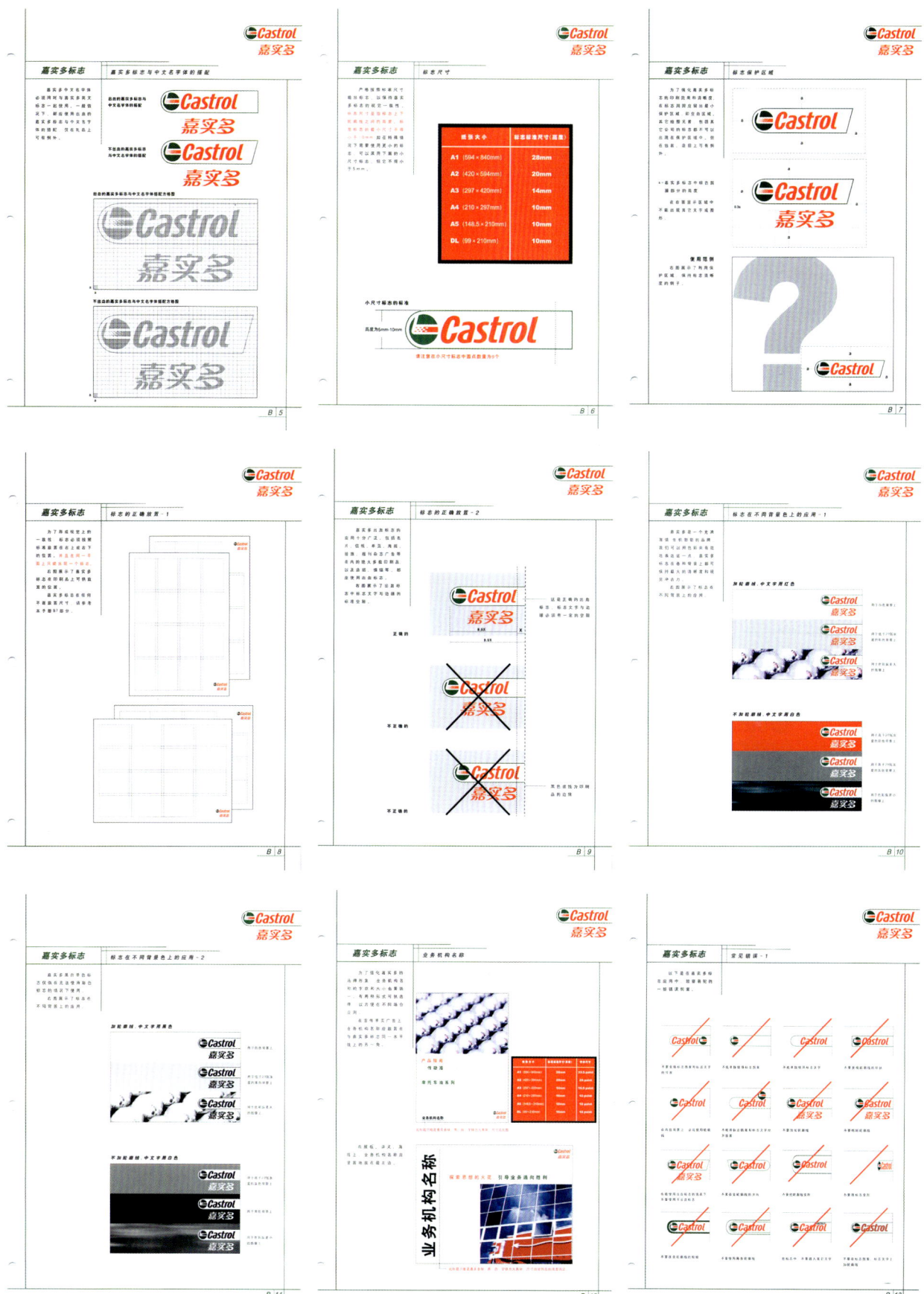

续图 5-4

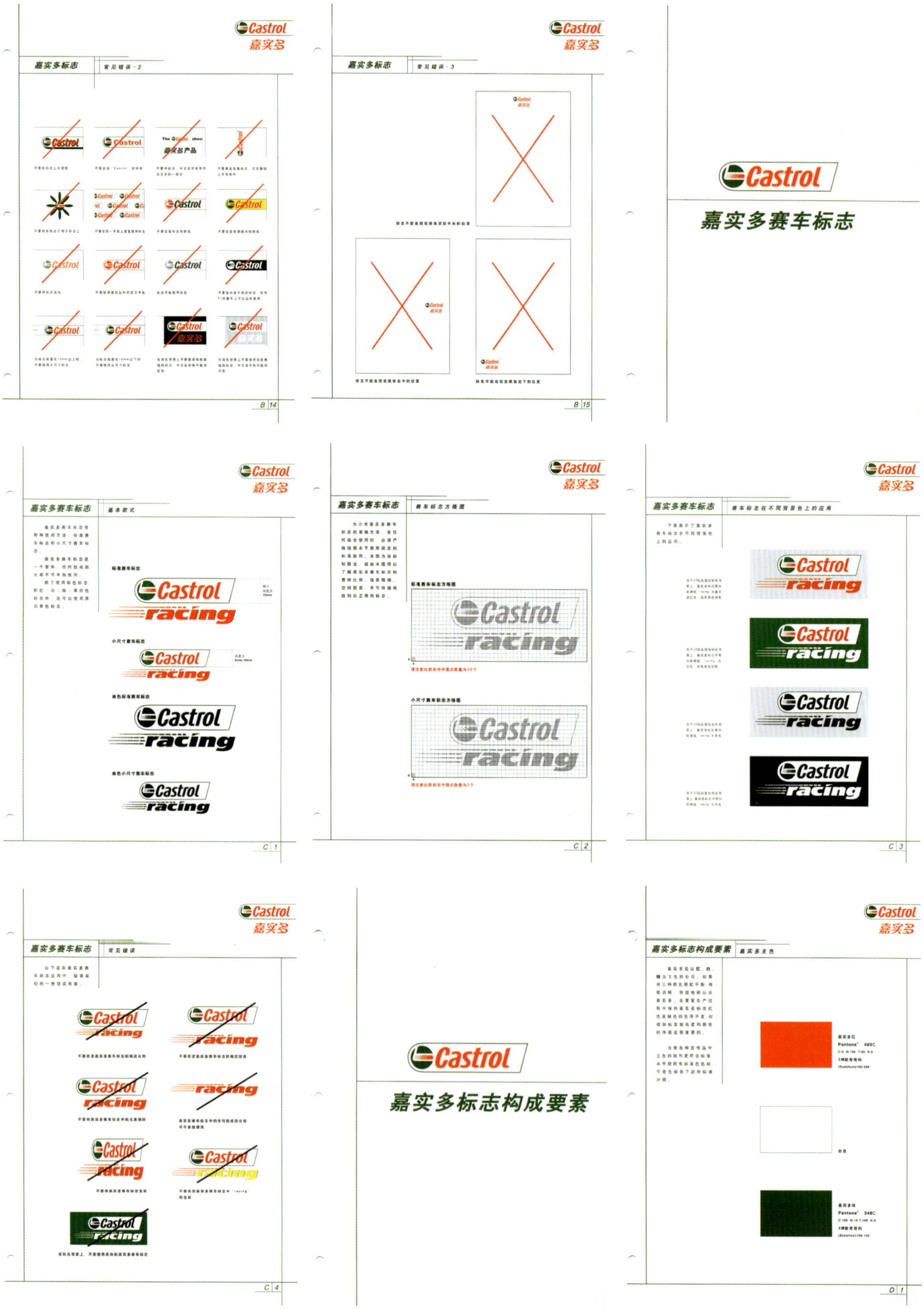

This page is a continuation of a corporate identity (CI) design manual featuring the Castrol (嘉实多) brand guidelines, presented as a grid of document pages.

嘉实多标志 常见错误·2

B 14

嘉实多标志 常见错误·3

B 15

嘉实多赛车标志

嘉实多赛车标志 基本款式

标准赛车标志
小尺寸赛车标志
绿色标准赛车标志
绿色小尺寸赛车标志

C 1

嘉实多赛车标志 赛车标志方格图

标准赛车标志方格图
小尺寸赛车标志方格图

C 2

嘉实多赛车标志 赛车标志在不同背景色上的应用

C 3

嘉实多赛车标志 常见错误

C 4

嘉实多标志构成要素

D 1

嘉实多标志构成要素 嘉实多主色

嘉实多红 Pantone® 485C

白色

嘉实多绿 Pantone® 348C

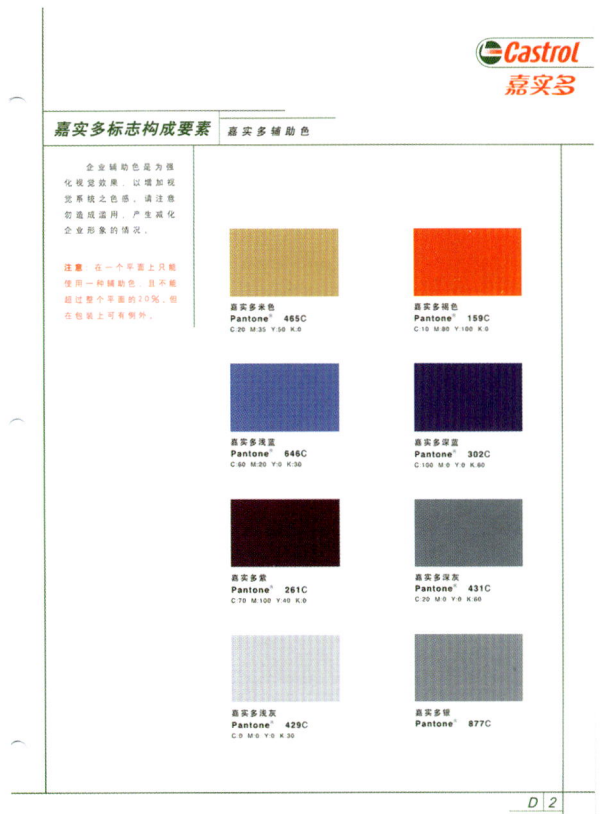

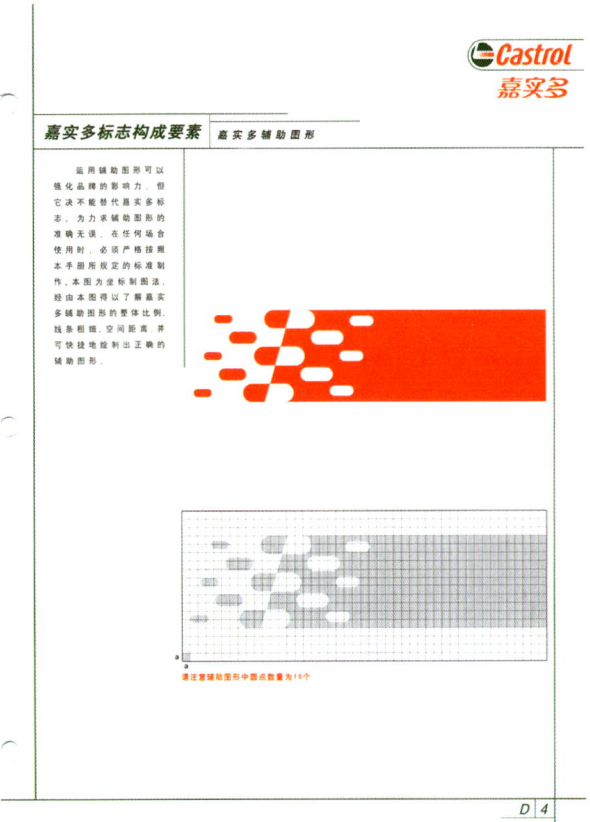

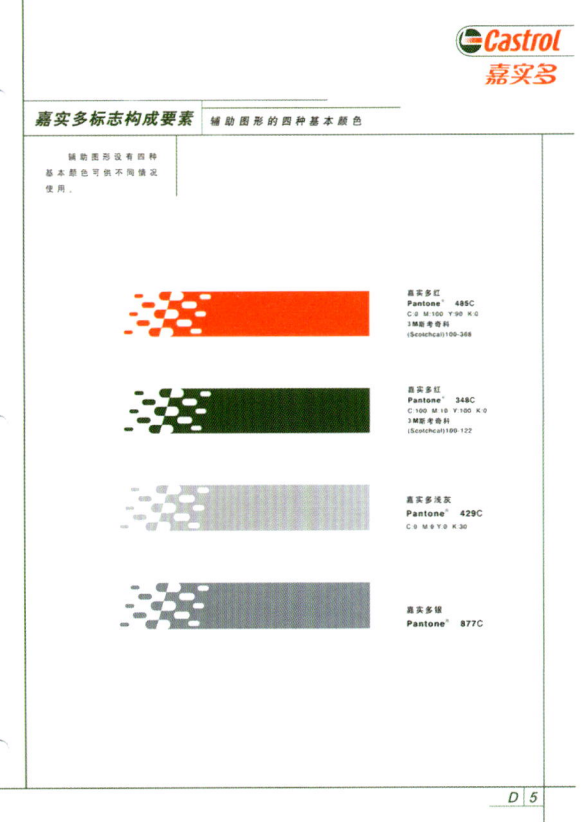

续图 5-4

Castrol
嘉实多

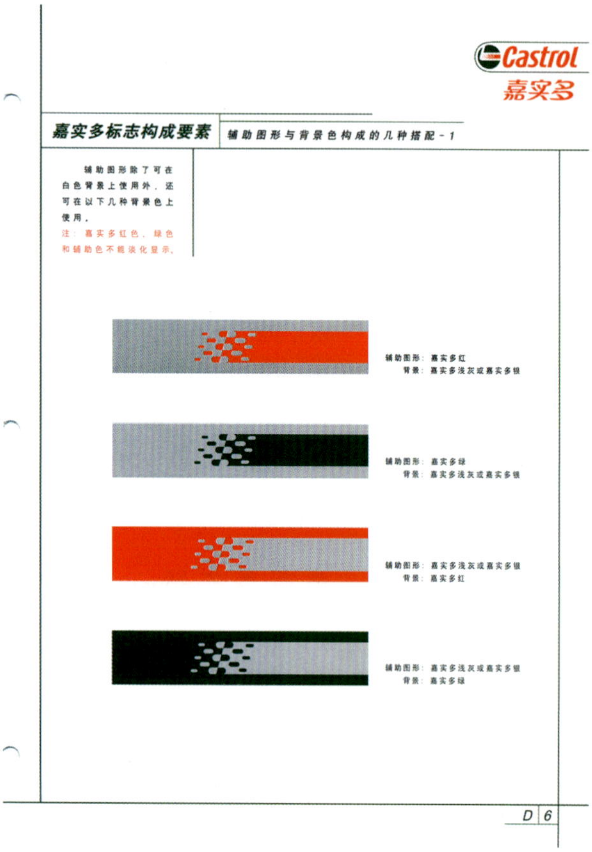

嘉实多标志构成要素　辅助图形与背景色构成的几种搭配 - 1

辅助图形除了可在白色背景上使用外，还可在以下几种背景色上使用。
注：嘉实多红色、绿色和辅助色不能淡化显示。

辅助图形：嘉实多红
背景：嘉实多浅灰或嘉实多银

辅助图形：嘉实多绿
背景：嘉实多浅灰或嘉实多银

辅助图形：嘉实多浅灰或嘉实多银
背景：嘉实多红

辅助图形：嘉实多浅灰或嘉实多银
背景：嘉实多绿

D 6

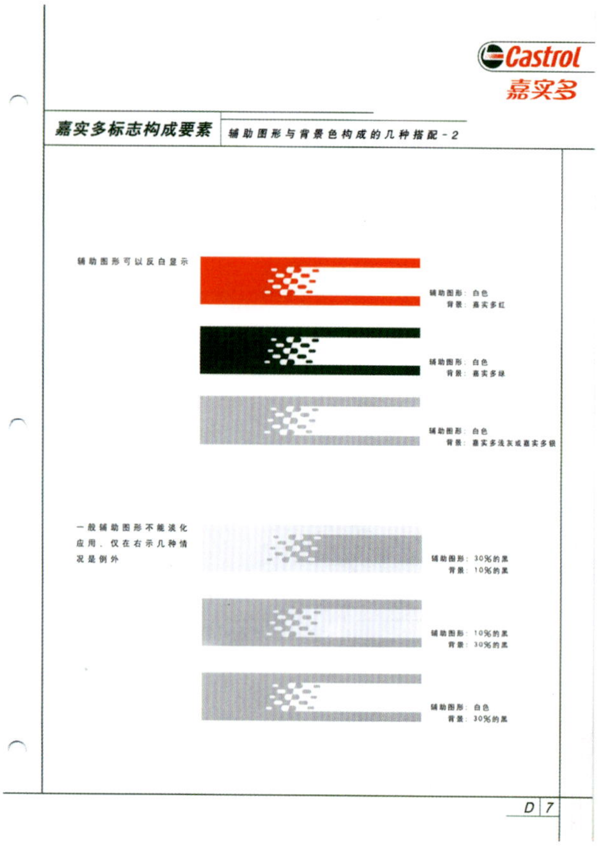

Castrol
嘉实多

嘉实多标志构成要素　辅助图形与背景色构成的几种搭配 - 2

辅助图形可以反白显示

辅助图形：白色
背景：嘉实多红

辅助图形：白色
背景：嘉实多绿

辅助图形：白色
背景：嘉实多浅灰或嘉实多银

一般辅助图形不能淡化应用，仅在右示几种情况是例外

辅助图形：30%的黑
背景：10%的黑

辅助图形：10%的黑
背景：30%的黑

辅助图形：白色
背景：30%的黑

D 7

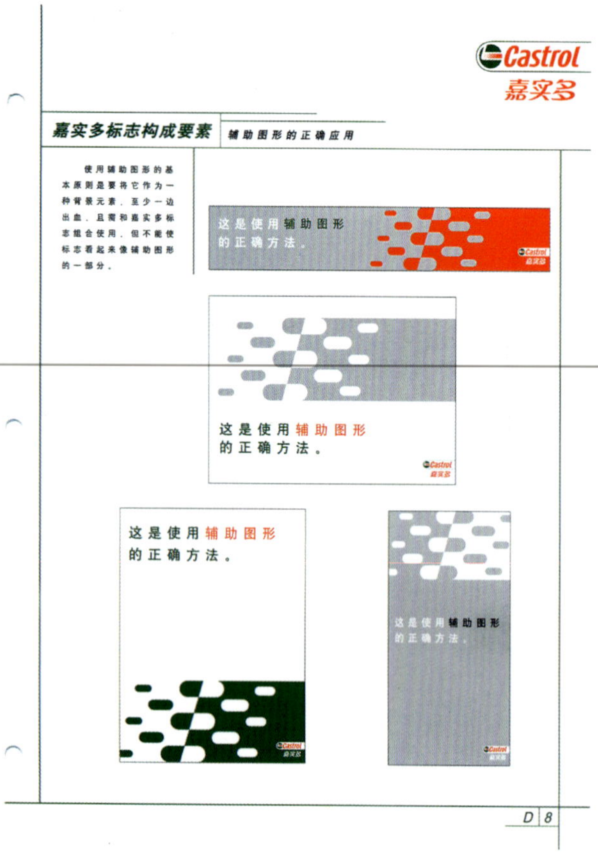

Castrol
嘉实多

嘉实多标志构成要素　辅助图形的正确应用

使用辅助图形的基本原则是要将它作为一种背景元素，至少一边出血，且需和嘉实多标志组合使用，但不能使标志看起来像辅助图形的一部分。

这是使用辅助图形的正确方法。

这是使用辅助图形的正确方法。

这是使用辅助图形的正确方法。

这是使用辅助图形的正确方法。

D 8

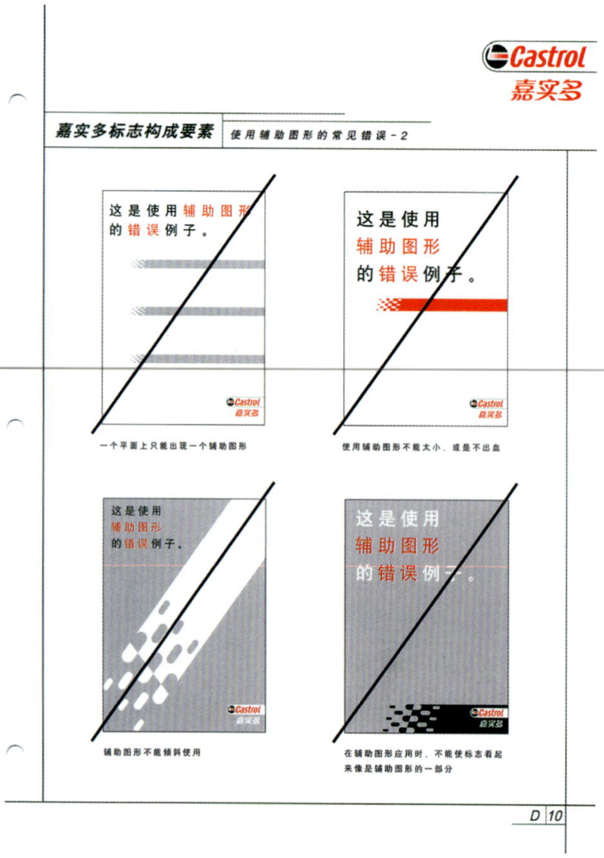

Castrol
嘉实多

嘉实多标志构成要素　使用辅助图形的常见错误 - 2

这是使用辅助图形的错误例子。

这是使用辅助图形的错误例子。

一个平面上只能出现一个辅助图形

使用辅助图形不能太小，或是不出血

这是使用辅助图形的错误例子。

这是使用辅助图形的错误例子。

辅助图形不能倾斜使用

在辅助图形应用时，不能使标志看起来像是辅助图形的一部分

D 10

续图 5-4

Castrol 嘉实多

嘉实多标志构成要素　嘉实多辅助色

企业辅助色是为强化视觉效果，以增加视觉系统之色感，请注意切勿造成滥用，产生弱化企业形象的情况。

注意　在一个平面上只能使用一种辅助色，且不能超过整个平面的20%，但在包装上可有例外。

嘉实多米色　Pantone® 465C　C:20 M:35 Y:50 K:0

嘉实多褐色　Pantone® 159C　C:10 M:90 Y:100 K:0

嘉实多浅蓝　Pantone® 646C　C:60 M:20 K:30

嘉实多深蓝　Pantone® 302C　C:100 M:0 Y:0 K:80

嘉实多紫　Pantone® 261C　C:70 M:100 Y:40 K:0

嘉实多深灰　Pantone® 431C　C:20 M:0 Y:0 K:60

嘉实多浅灰　Pantone® 429C　C:0 M:0 Y:0 K:30

嘉实多银　Pantone® 877C

D|2

Castrol 嘉实多

嘉实多标志构成要素　嘉实多标准字体

专用字体用于与公司业务有关的宣传印刷品，或片文字叙述或展示材料上。

Helvetica Neue 95 Black — **Read me! I'm bold and confident.**

Helvetica Neue 45 Light — I'm human and approachable. I talk intelligently.

Garamond 3 — I'm easy to understand, and I'll tell you something valuable.

Garamond 3 Italic — *I can draw attention to myself.*

Helvetica Neue 65 Medium — **I'm reasonable, considered and practical.**

大黑体 — **嘉实多中国**

中黑体 — 嘉实多中国

中等线体 — 嘉实多中国

中宋体 — 嘉实多中国

D|3

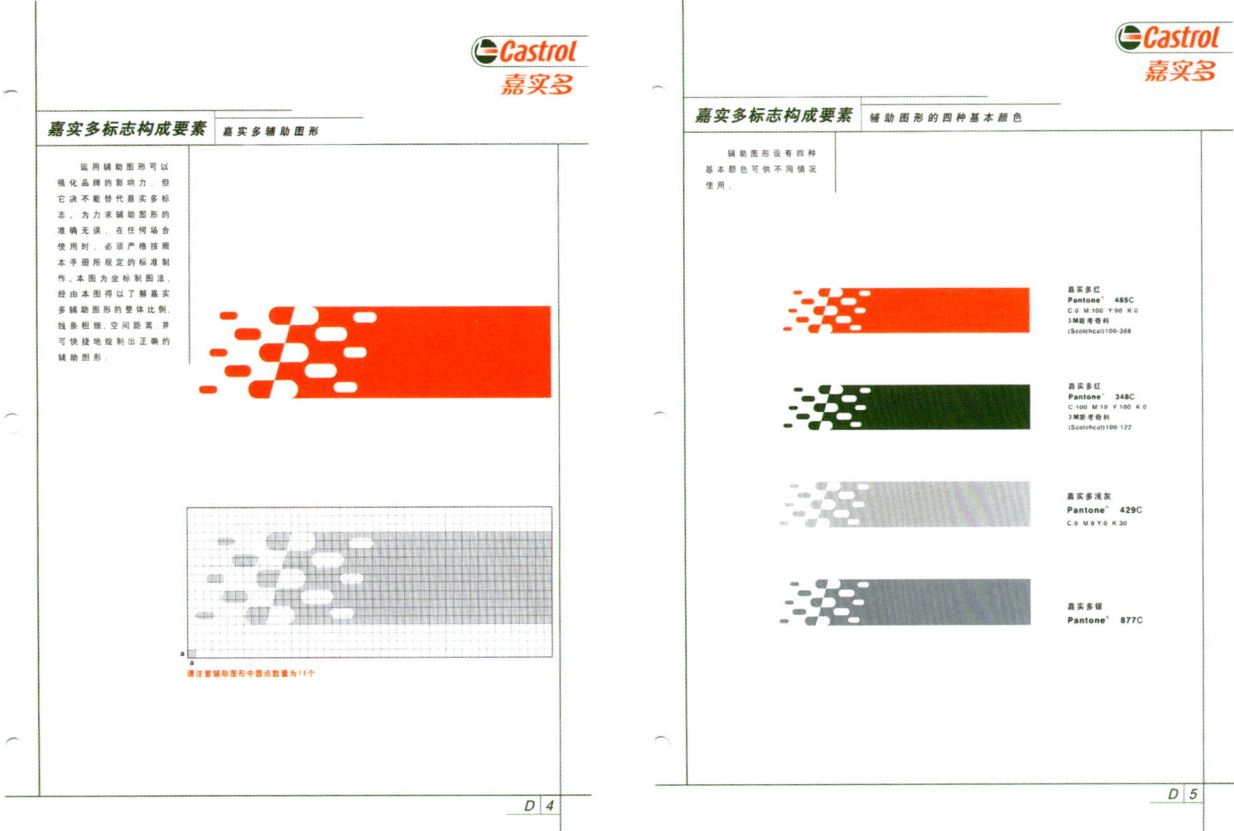

Castrol 嘉实多

嘉实多标志构成要素　嘉实多辅助图形

运用辅助图形可以强化品牌的影响力。但它决不能替代嘉实多标志。为力求辅助图形的准确无误，在任何场合使用时，必须严格按照本图所规定的标准制作。本图是全标制图法，经由本图得以了解嘉实多辅助图形的整体比例、线条粗细、空间距离，并可快捷地绘制出正确的辅助图形。

请注意辅助图形中圆点数量为14个

D|4

Castrol 嘉实多

嘉实多标志构成要素　辅助图形的四种基本颜色

辅助图形有四种基本颜色可供不同情况使用。

嘉实多红　Pantone® 485C　C:0 M:100 Y:90 K:0　3M超亮膜科（Scotchcal）109-368

嘉实多绿　Pantone® 348C　C:100 M:10 Y:100 K:0　3M超亮膜科（Scotchcal）109-122

嘉实多浅灰　Pantone® 429C　C:0 M:0 Y:0 K:30

嘉实多银　Pantone® 877C

D|5

续图 5-4

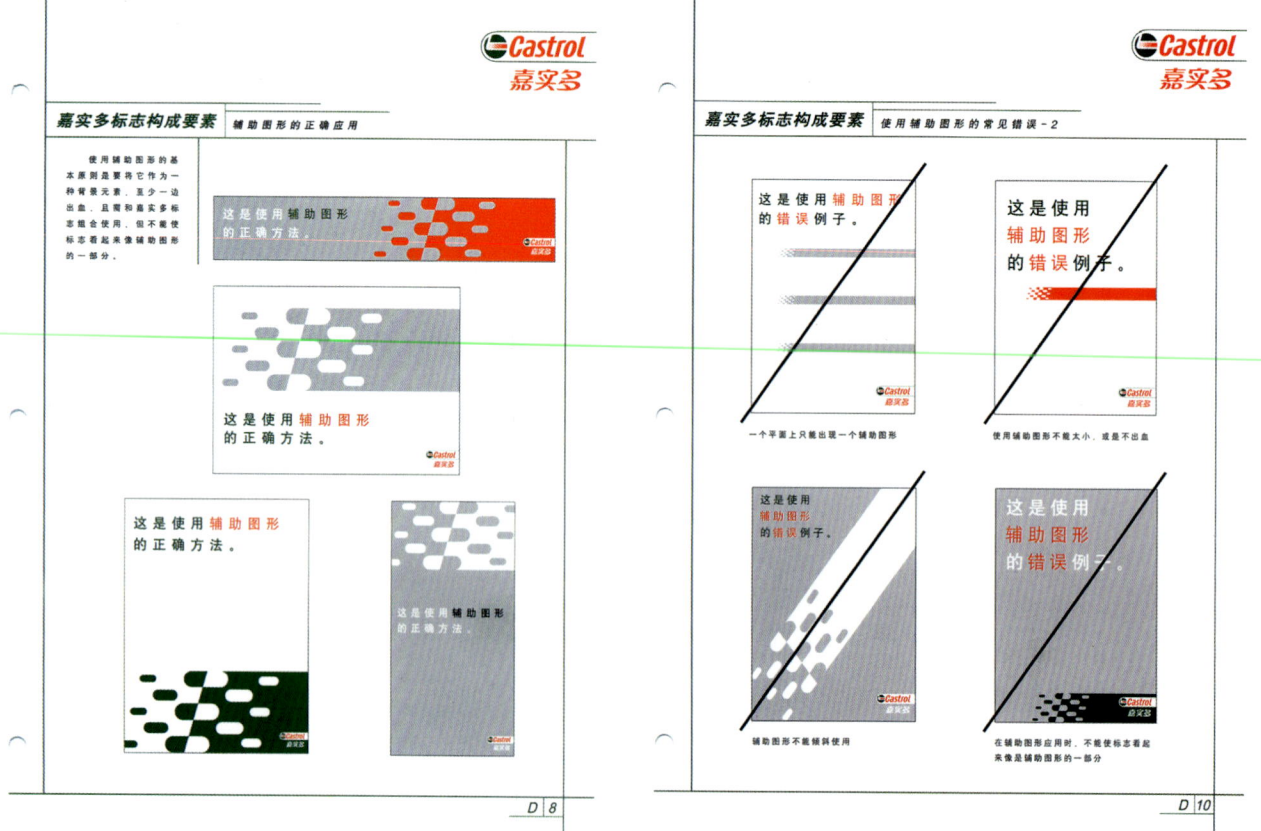

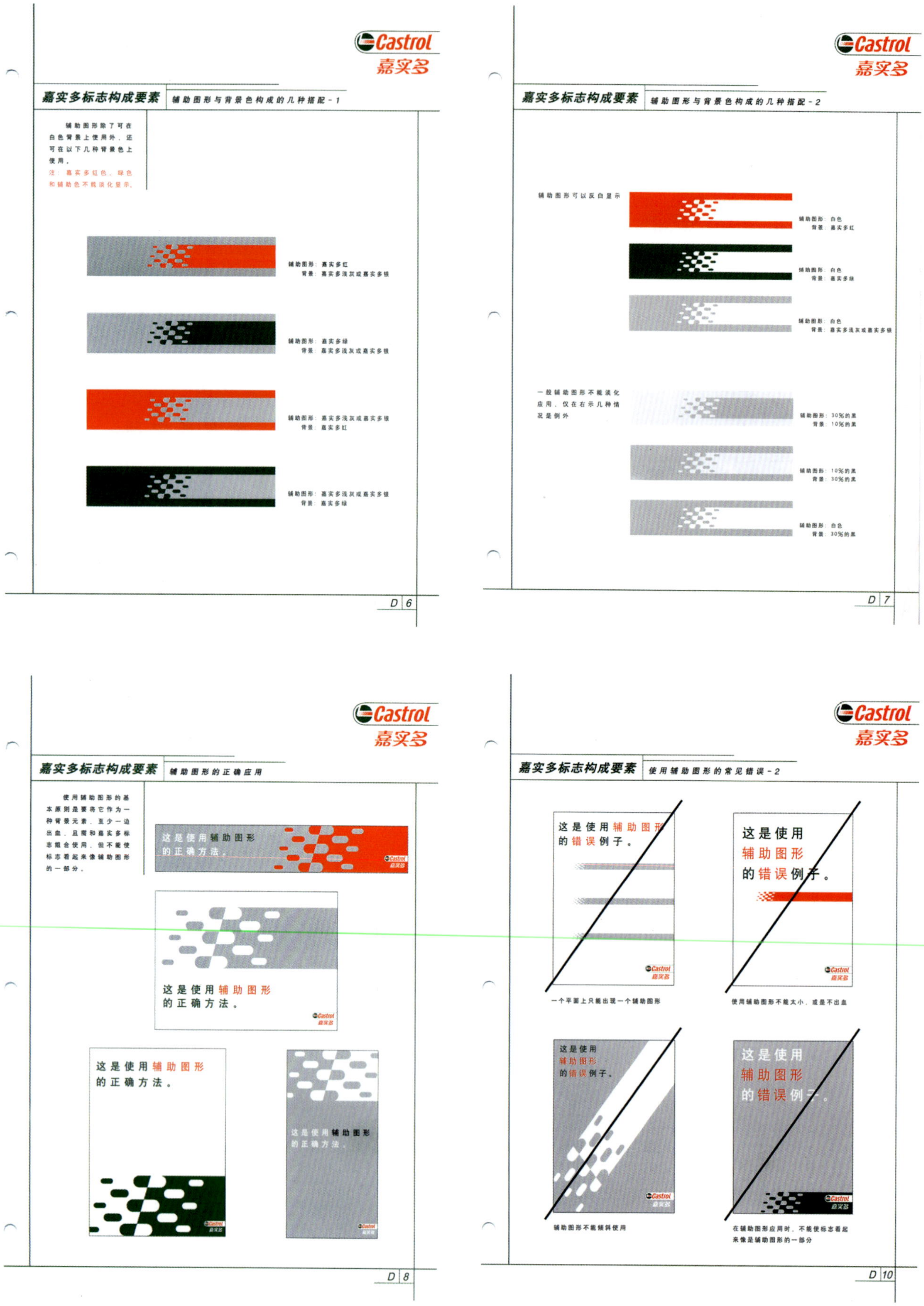

续图 5-4

实例 5：WARWICK

WARWICK 的 CI 设计如图 5-5 所示。

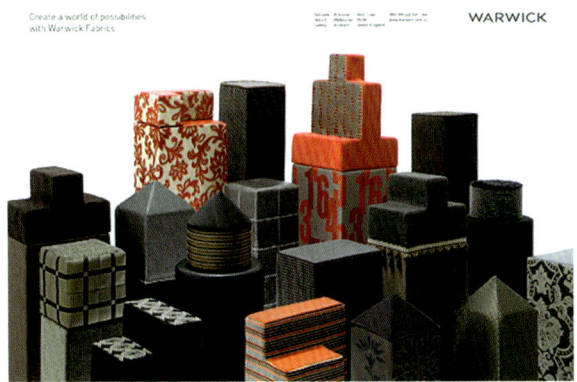

图 5-5　WARWICK 的 CI 设计

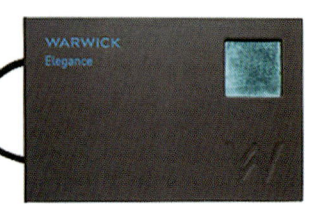

续图 5-5

实例 6：五洲花城

五洲花城 CI 设计如图 5-6 所示。

 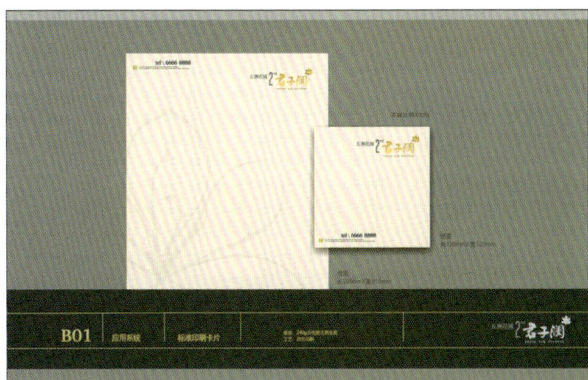

图 5-6　五洲花城 CI 设计

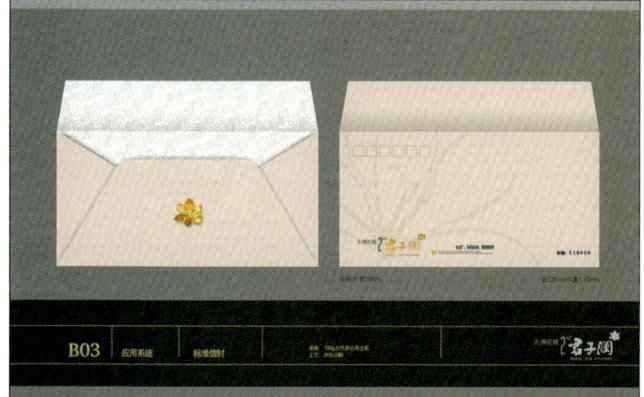

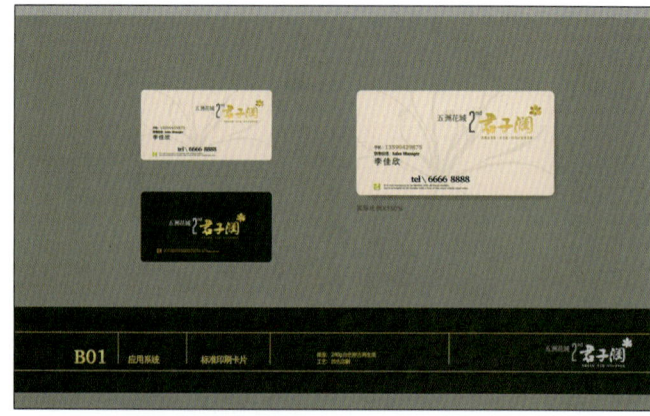

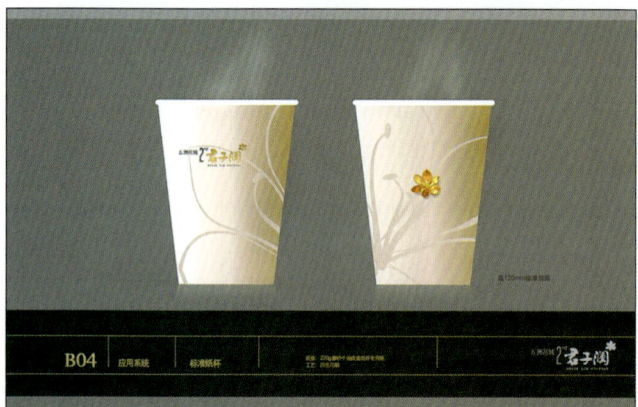

续图 5-6

续图 5-6

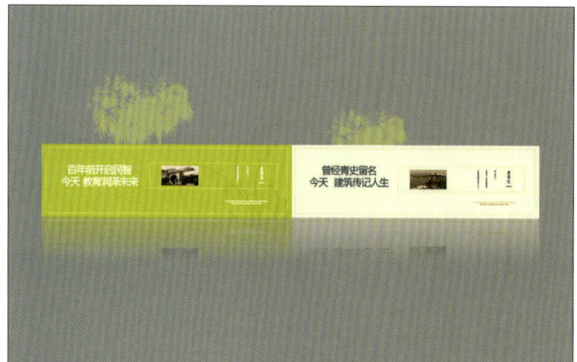

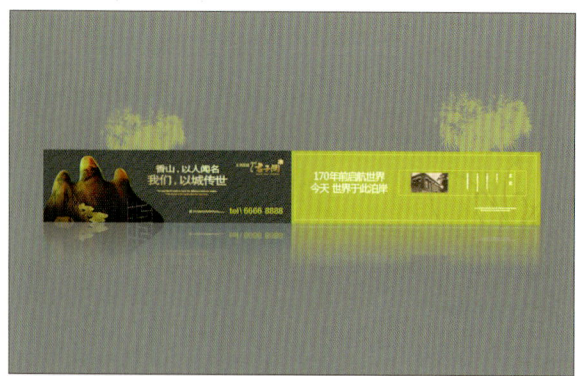

续图 5-6

续图 5-6

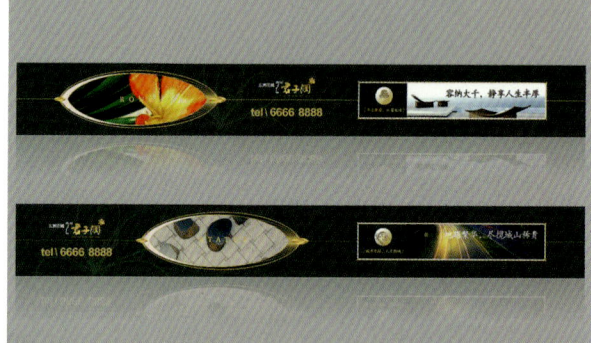

续图 5-6

实例 7：DMC

DMC 的 CI 设计如图 5–7 所示。

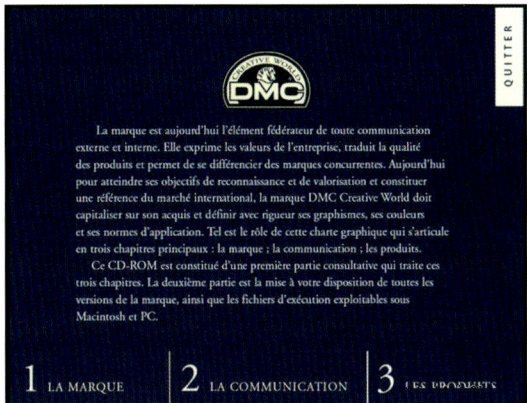

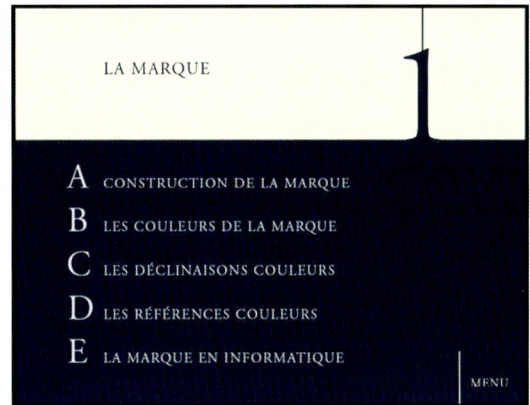

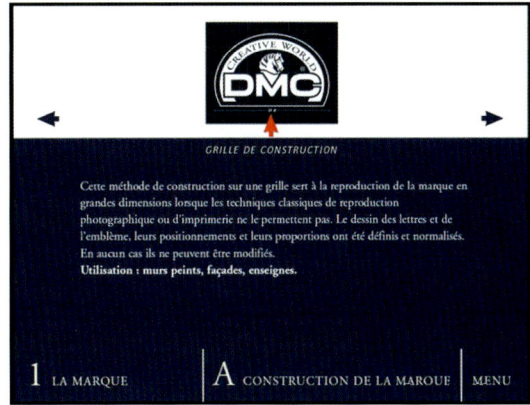

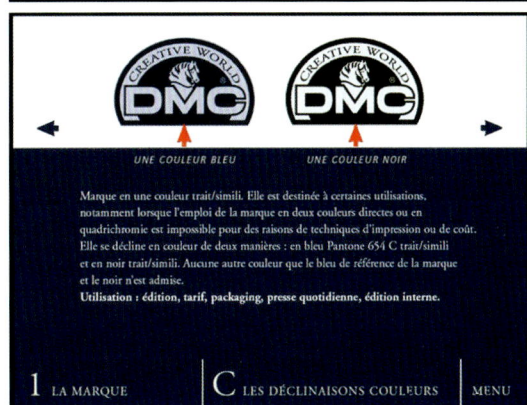

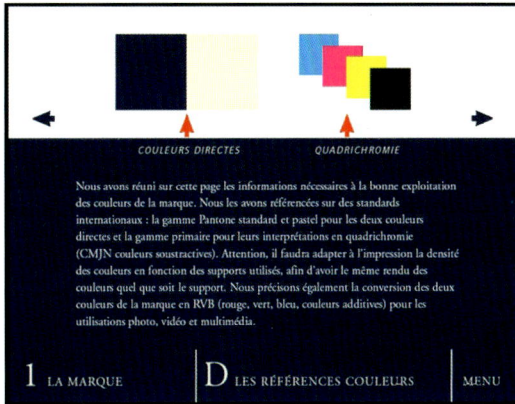

图 5–7　DMC 的 CI 设计

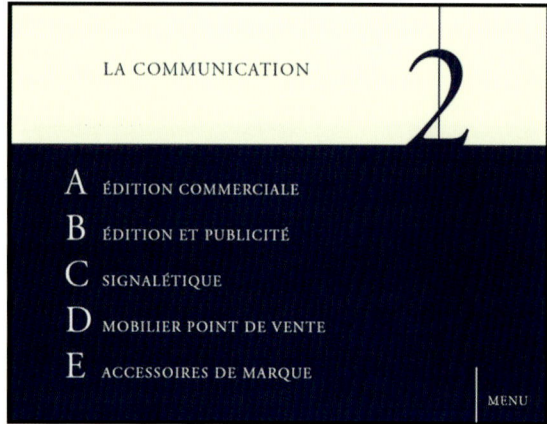

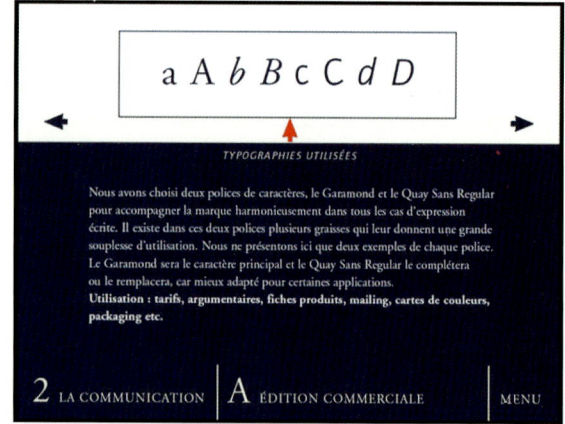

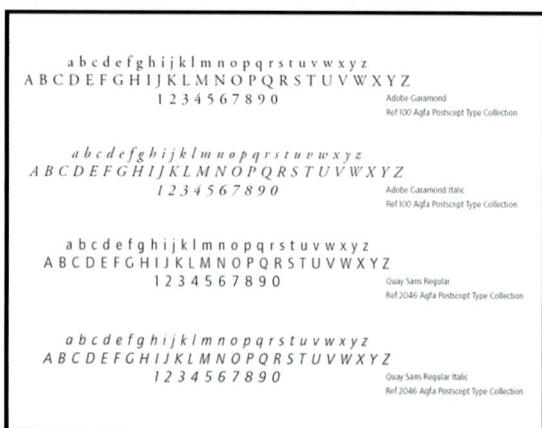

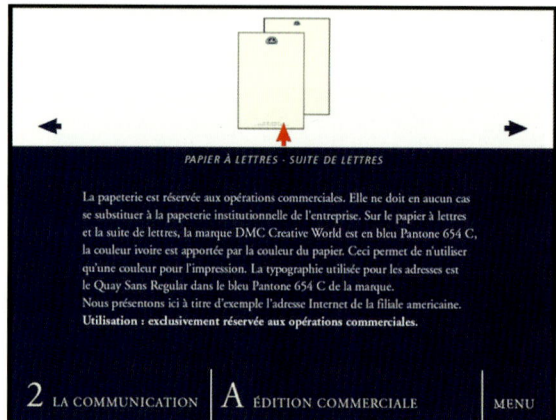

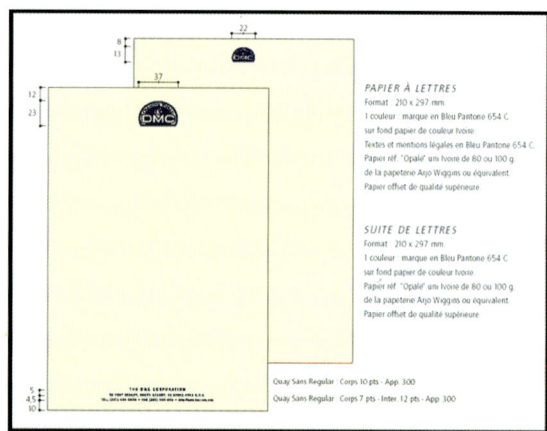

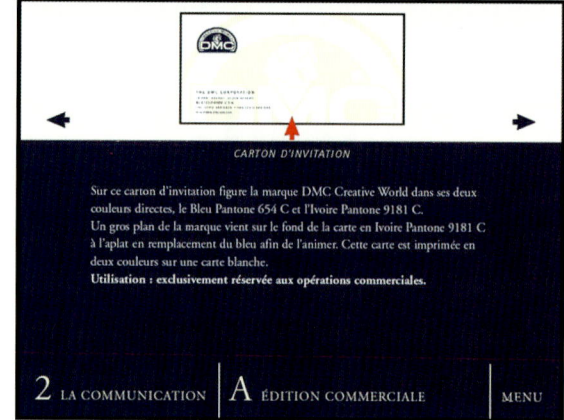

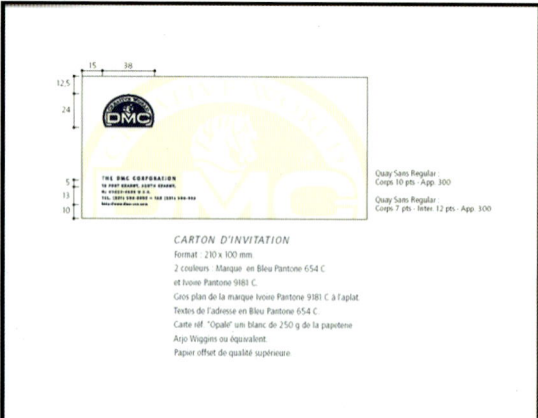

续图 5-7

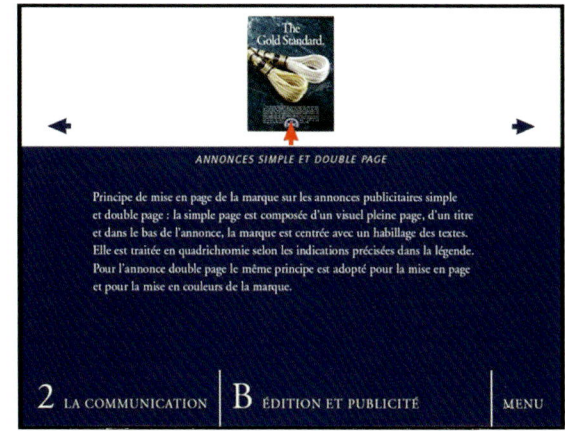

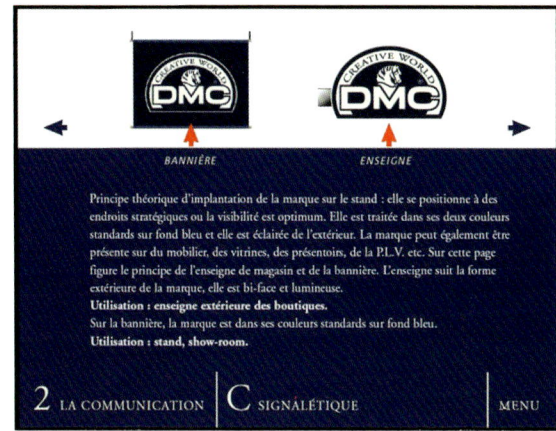

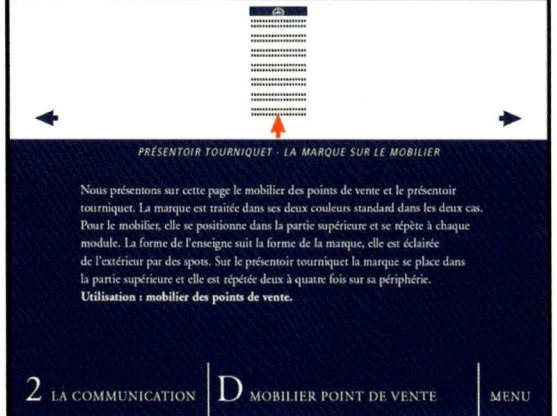

续图 5-7

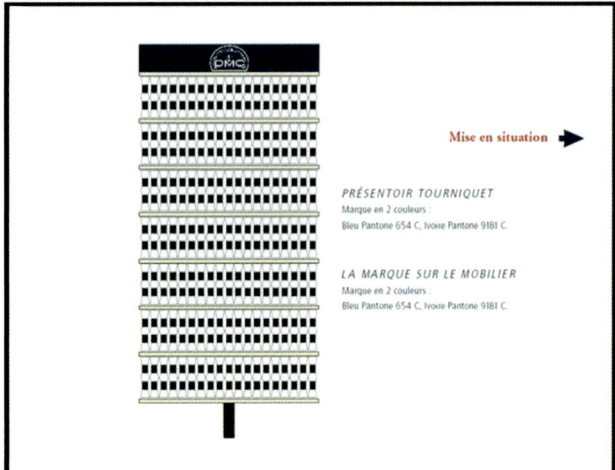

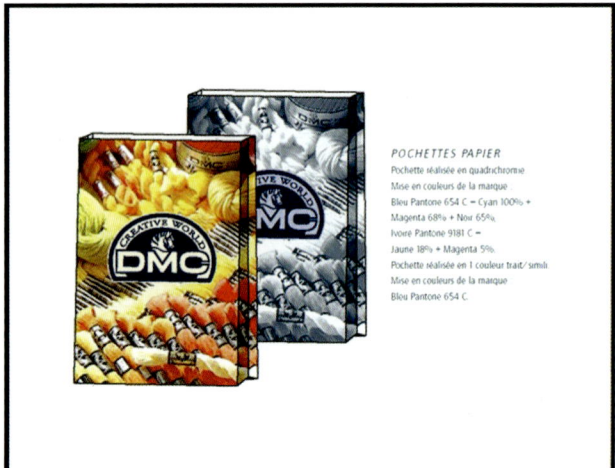

续图 5-7

实例 8：valens

valens 的 CI 设计如图 5-8 所示。

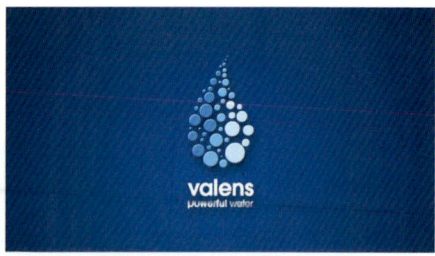

图 5-8　valens 的 CI 设计

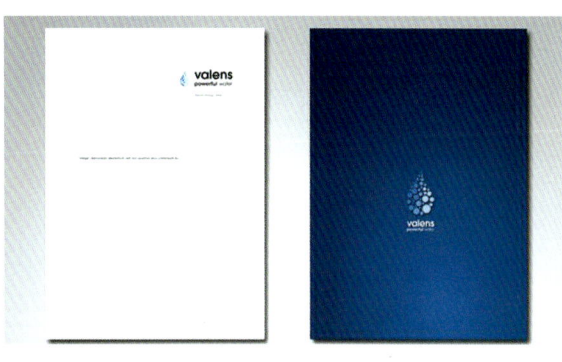

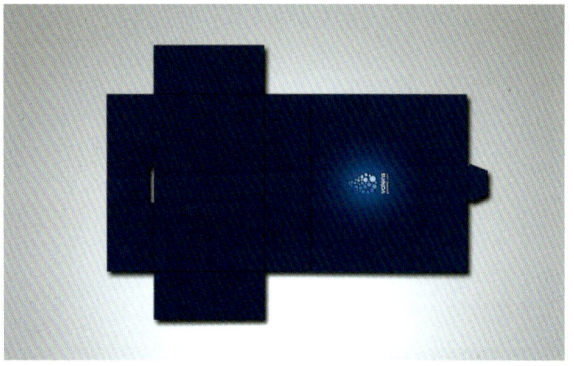

续图 5-8

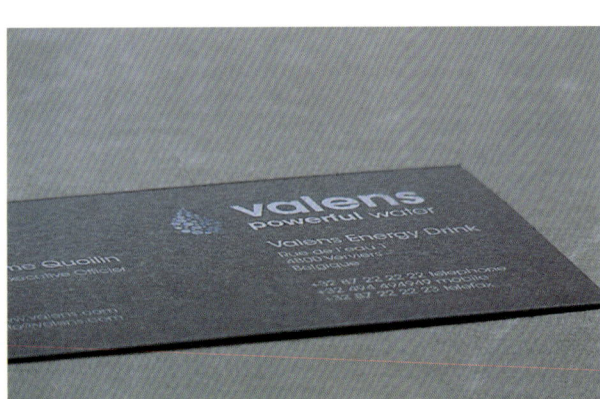

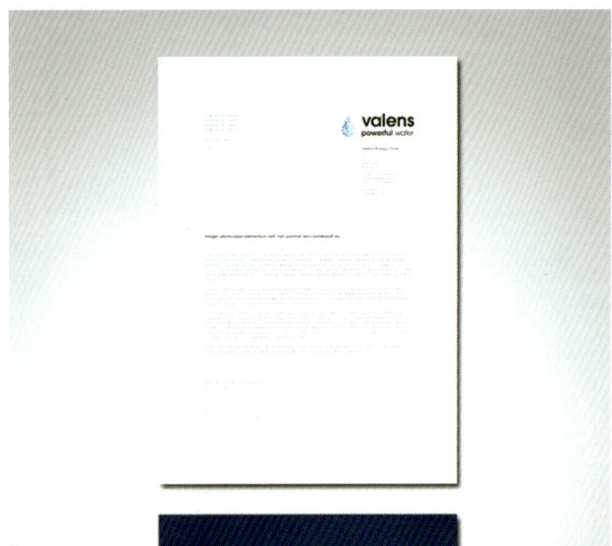

续图 5-8

续图 5-8

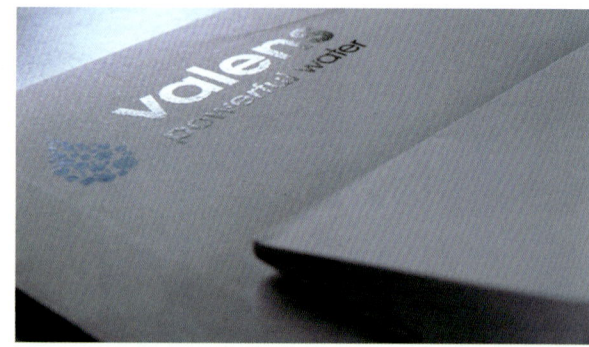

续图 5-8

续图 5-8

续图 5-8

续图 5-8

实例 9：东江假日酒店

东江假日酒店 CI 设计如图 5-9 所示。

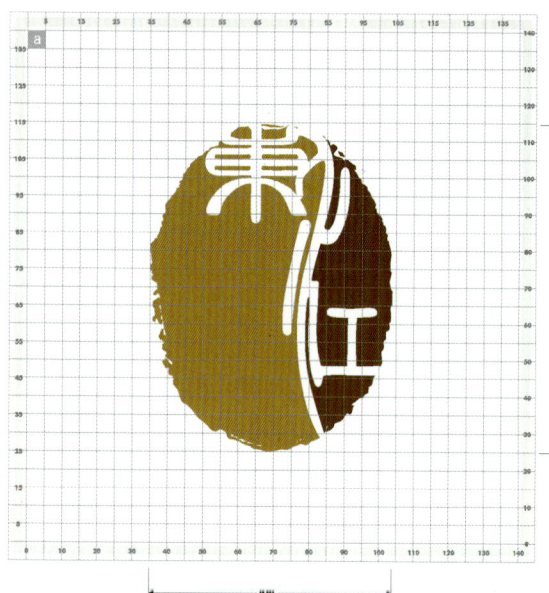

文字色彩错误　　色彩不合规范

标志色彩错误　　标志反白错误

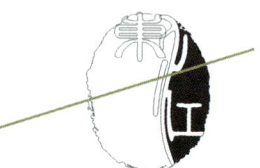

图 5-9　东江假日酒店 CI 设计

   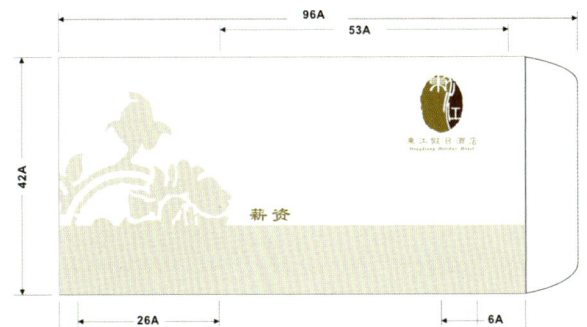

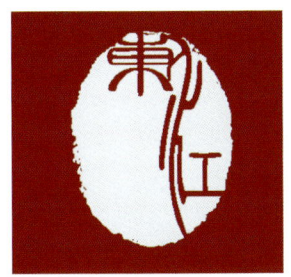 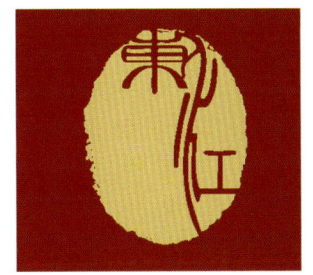

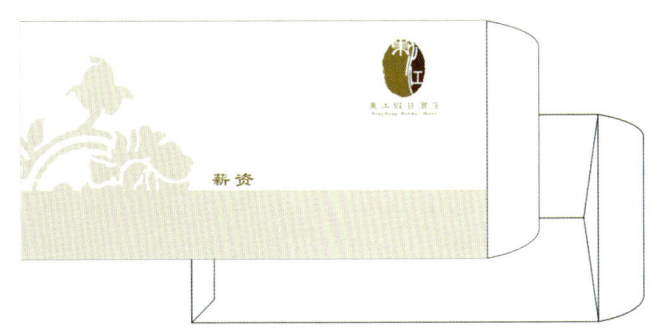

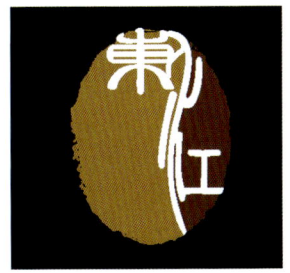 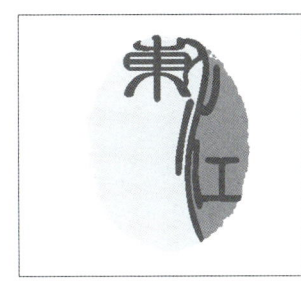

专色：金　　　　　　　　　　专色：银

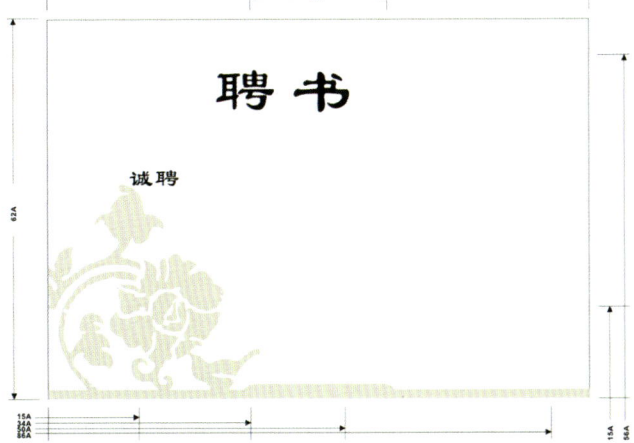

续图 5-9

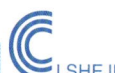

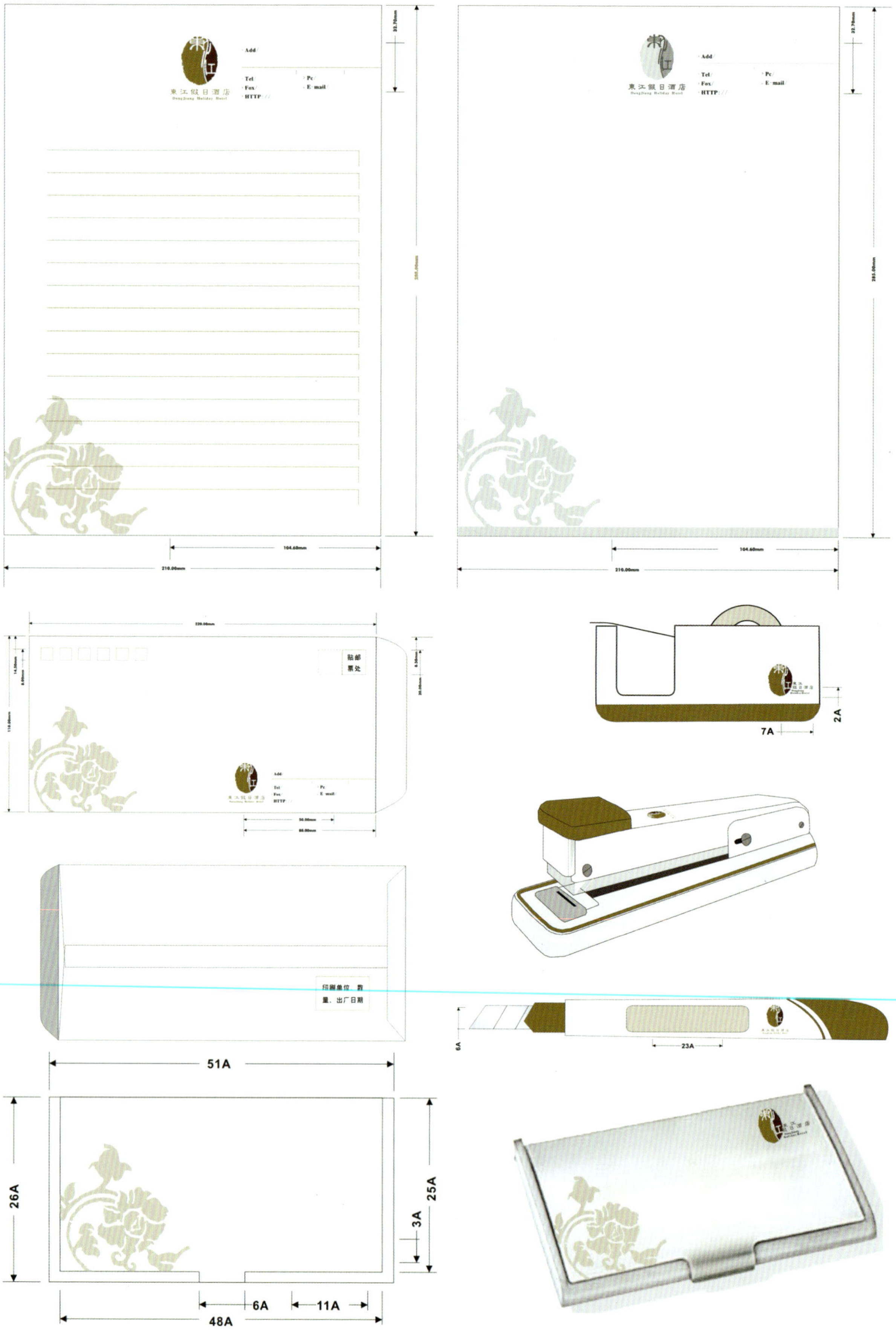
東江假日酒店
Add
Tel
Fox
HTTP
Pc
E-mail
贴邮
票处
印刷单位、数
量、出厂日期
7A
2A
6A
23A
51A
26A
25A
3A
6A
11A
48A

续图 5-9

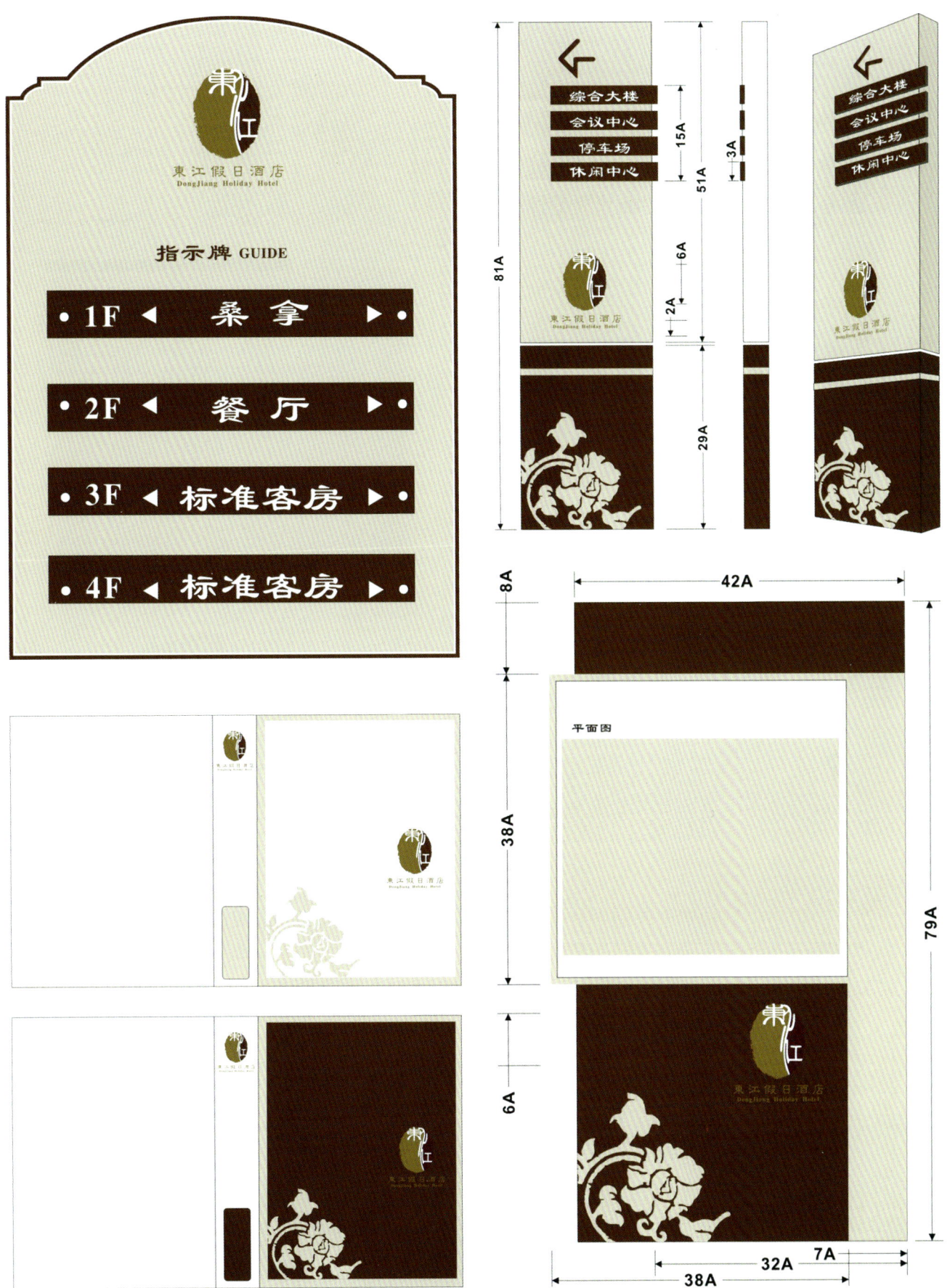

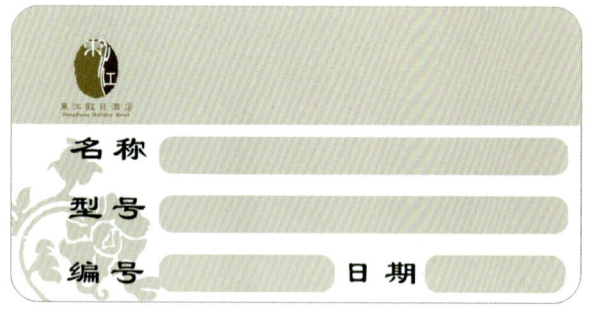

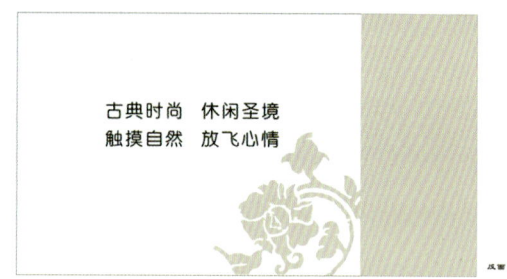

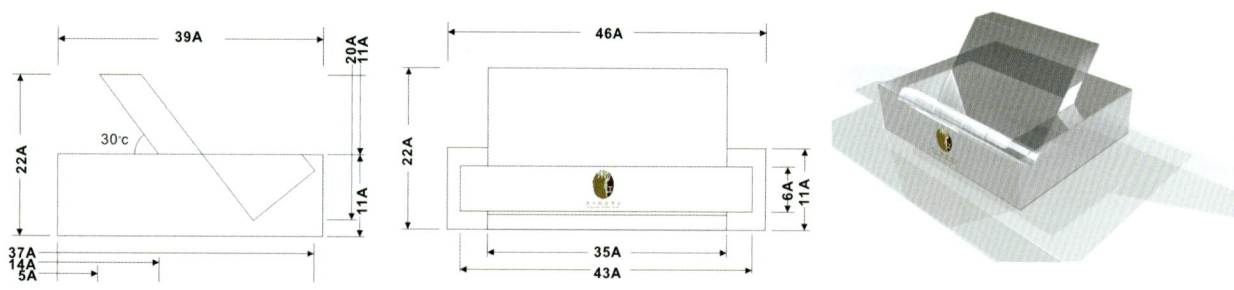

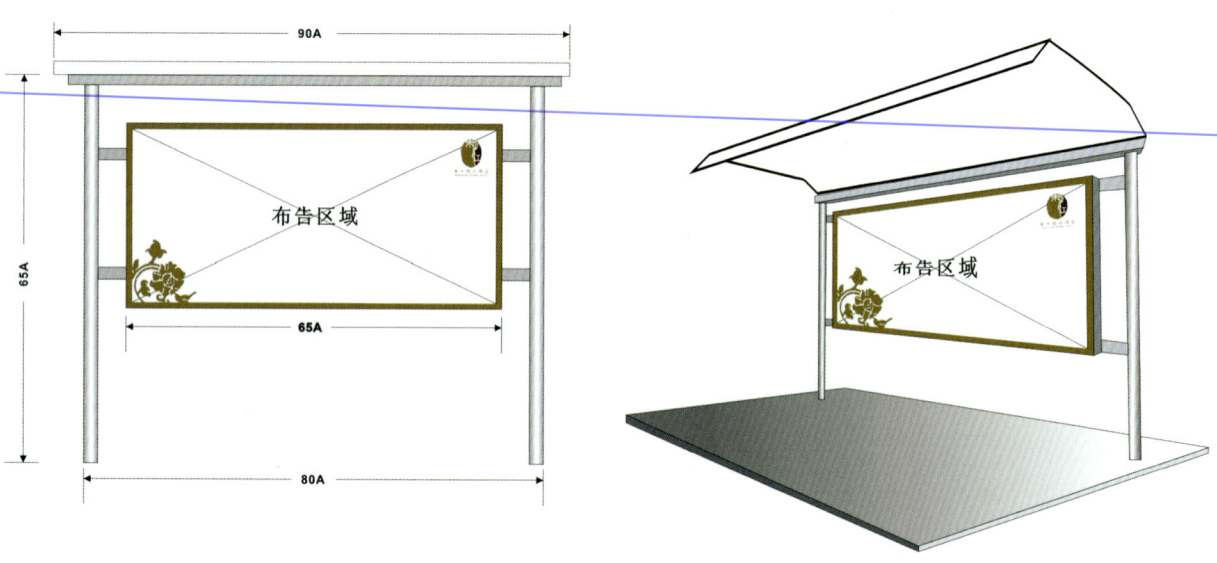

续图 5-9

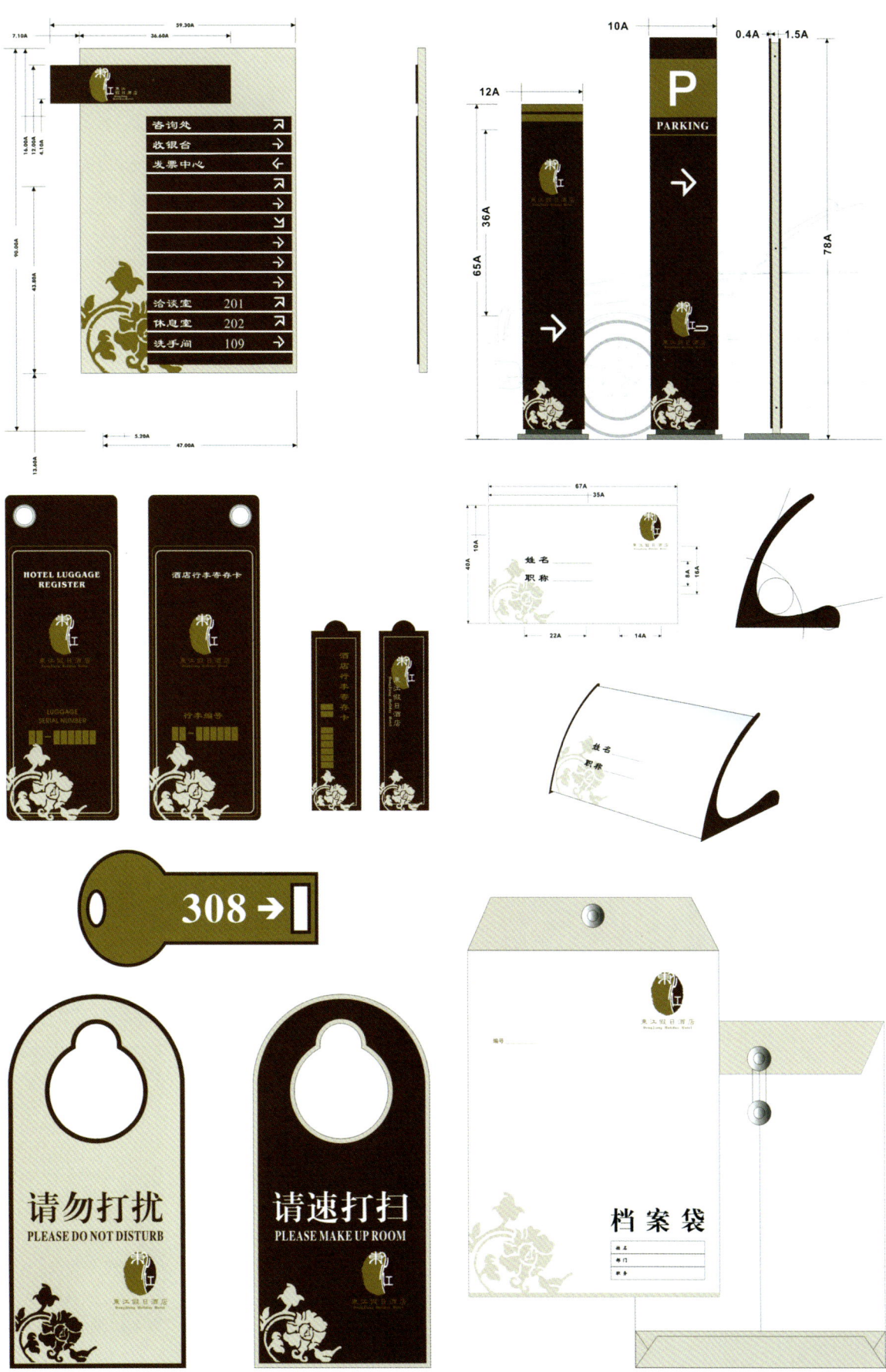

续图 5-9

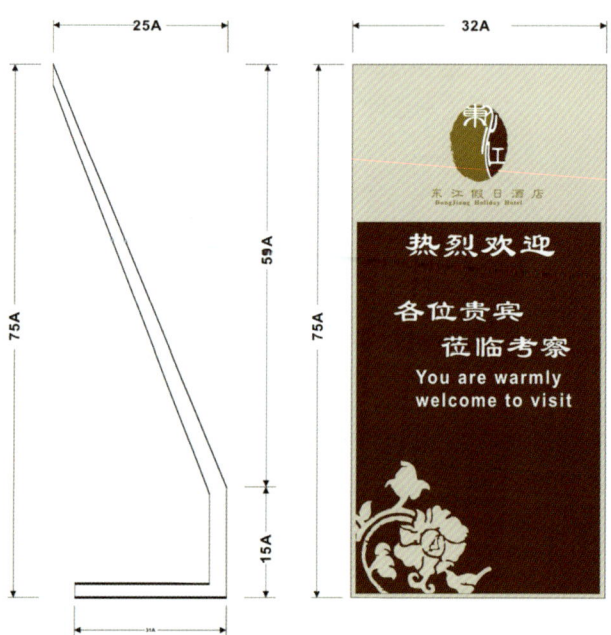

续图 5-9

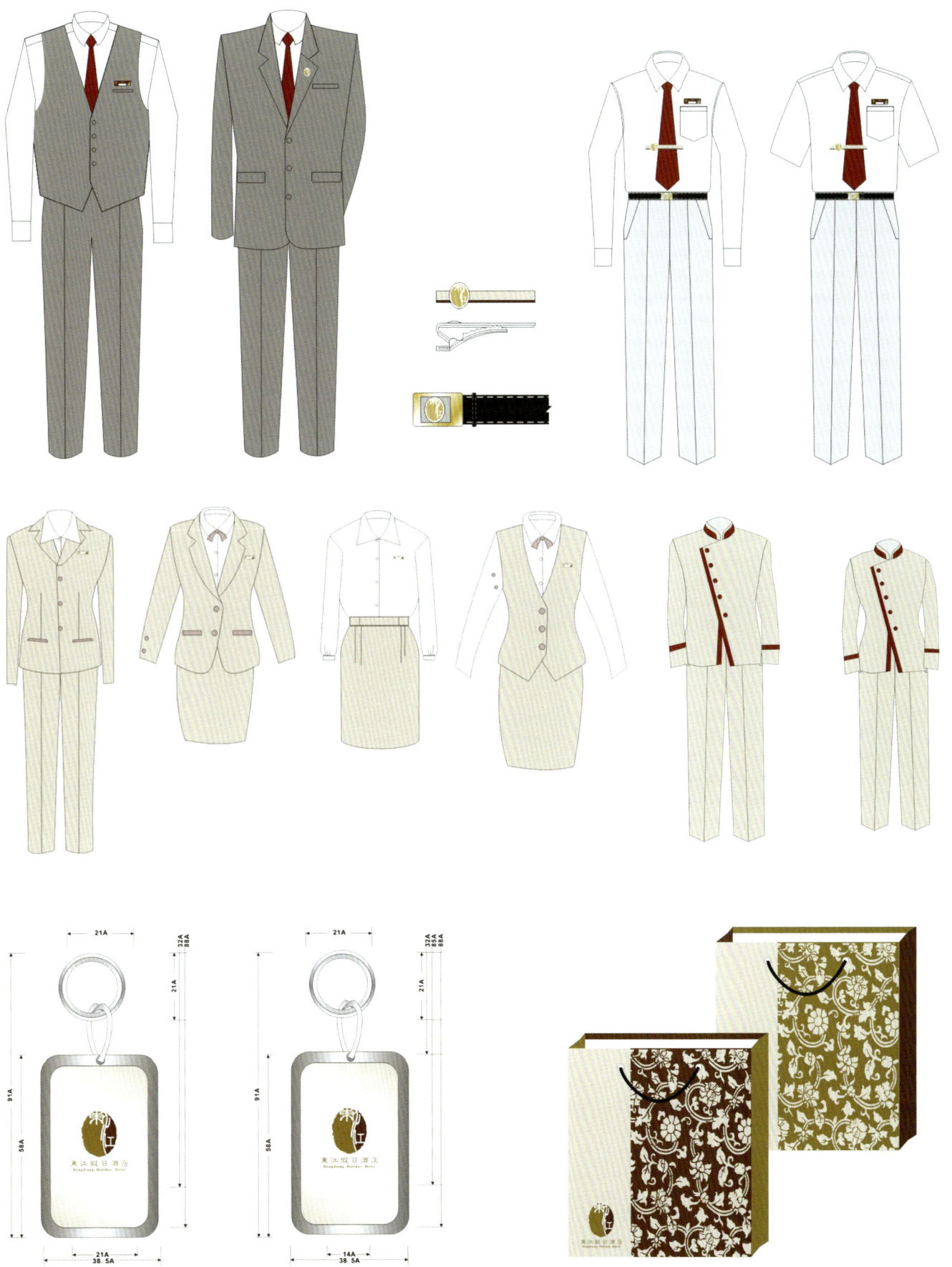

续图 5-9

[1] 张建辛，荆雷. CI 战略的教学与设计 [M]. 石家庄：河北美术出版社，1997.

[2] 杨仁敏，李巍. CI 设计 [M]. 重庆：西南师范大学出版社，2007.

[3] 陈青. VI 设计新模板 [M]. 西安：陕西人民美术出版社，2006.

[4] 金国勇. 标志与企业形象设计实训 [M]. 上海：东方出版中心，2008.